1000人の
「そこが知りたい！」を集めました

老後のお金、本当に足りますか？

家計再生コンサルタント
横山光昭 監修

老後の「お金」に不安を抱えているあなたへ

老後のお金、本当に足りますか？

そう聞かれて「足ります！」と、自信を持って答えられる人はそう多くないでしょう。

老後とお金について、オレンジページではアンケートを実施。1000人以上の方から、さまざまな不安や疑問が集まりました。

「老後資金、本当のところいくら必要？」

「長生きするのが不安…子供には頼れないし」

「50代なのに貯金が少なくて心もとない」
「定年退職後、年金だけで生活できる？」
「一人暮らしで貯金が少ない。病気や要介護になったら…」

お金の不安＝老後の不安そのものとも言えそうです。

本書は、こうした不安や疑問をまるごと解消する一冊。
お金の基礎知識が身につき、老後資金の貯め方・増やし方がわかります。
不安を抱えたままにせず、今すぐ対策を始めて、
人生100年時代を大いに楽しみましょう！

ほぼ

1000人にアンケート

老後のお金で、不安なことは？　本音を徹底リサーチ

「老後資金」「年金」「生活費」がトップ3！

老後のお金についてアンケートを行ったところ、「将来困ることがありそう」「今困っている」「過去に困った経験がある」と回答した人は、合わせて83・5％（複数回答／P6参照）。なかでも「将来困ることがありそう」は67・1％に上り、知りたいこととランキングのトップ3は「老後資金」「年金」「生活費」でした。老後の不安とお金は切っても切り離せない関係であることが改めてわかりました。

老後のお金
「そこが知りたい！」ランキング
（n＝794　複数回答／5つまで選択可）

1. 老後の資金、いくら用意しておけば大丈夫？　……… 62.5％
2. 年金の受給額はどのくらいなの？　………… 56.9％
3. 老後の生活費、どのくらいかかる？　……… 52.3％
4. 年金以外には、どんな公的補助がある？………… 48.1％
5. 老後の医療費の目安が知りたい　………… 32.9％

※アンケートは2023年7月オレンジページ調べ　対象：「オレンジページメンバーズ」国内在住の男女（回答者数1087人）

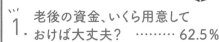

みんなの不安「ここが知りたい！」

人生100年時代、
老後資金を考えると長
生きするのが不安です。
（70代・男性）

将来もらえる年金が
どんどん減るのではと心配。
老後に備えて貯金するのも
厳しいし……
（30代・女性）

NISAやidecoなど、
やらなきゃと思いつつ、
まだできていないです。
（30代・女性）

2000万円問題？とか
騒がれたじゃないですか。
絶対、今の物価上昇とか
考えたら2000万じゃ
足りなくなりそうでしょ。
（40代・女性）

年金はいつから受給が
いいのか、
配偶者が亡くなったときの
遺族年金はどうなるのか。
（50代・女性）

持ち家か、賃貸か、
老人ホームか……
将来的にどこに住むこと
が最適なの？
（50代・女性）

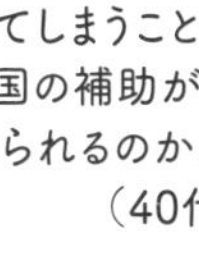

万が一ホームレスに
なってしまうことはないのだろうか。
国の補助がどういう条件で
受けられるのか具体的に知りたい。
（40代・女性）

老後のために
やっておきたい＆やっておきたかったランキング

（n＝794　複数回答／5つまで選択可）

1. 老後資金としていくら必要かの試算 …………… 55.9％
2. 老後資金を増やすための貯蓄 …………………… 46.9％
3. 年金受給額の確認 ……………………………… 42.6％
4. 生活費の見直しと節約 ………………………… 40.8％
5. 老後資金を増やすための投資 ………………… 32.4％
6. 転職・パートなどによる収入増 ……………… 21.3％
7. 定年退職後の就業 ……………………………… 21.0％
8. 貯蓄や株・投資信託など金融財産のリスト作成 …… 20.4％
9. 保険加入状況の確認と見直し ………………… 19.6％
10. ローンなどの借入金の返済 …………………… 7.3％

Q. 自身の老後のお金について
困りそうなこと、困ったことはありますか？（n＝1087　複数回答）

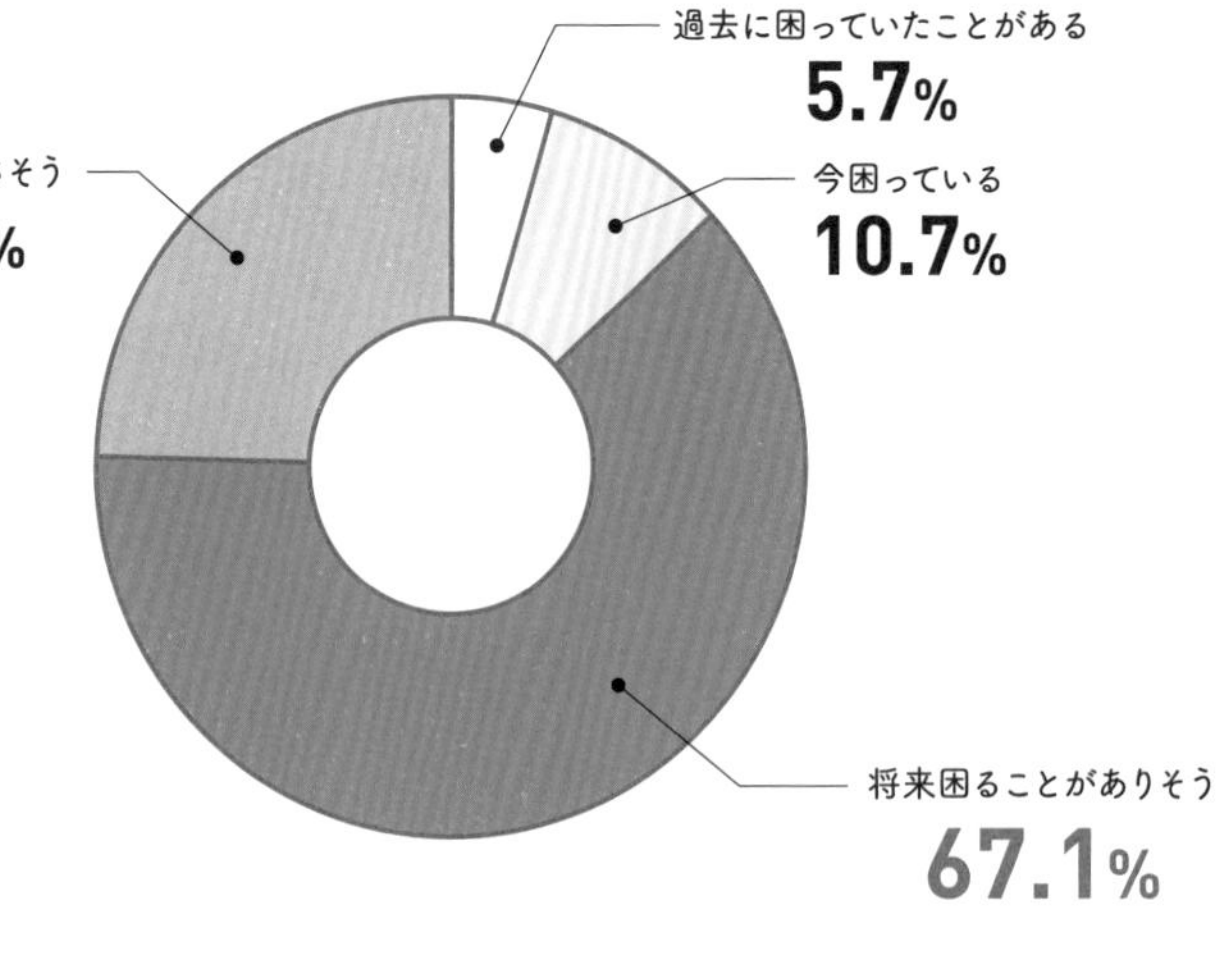

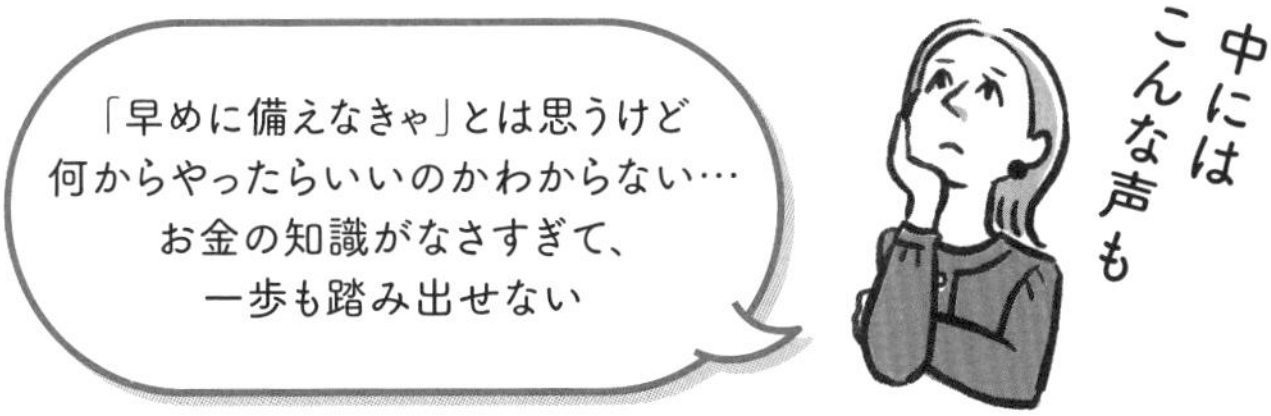
「早めに備えなきゃ」とは思うけど
何からやったらいいのかわからない…
お金の知識がなさすぎて、
一歩も踏み出せない
中には
こんな声も

多くの人が「老後のお金は不安。でも対策はできていない」状態

アンケートでは、漠然とした不安を抱える人だけでなく、今困っている人や過去に困った経験がある人にも回答いただきました。すると「老後資金を試算しておけばよかった」「年金受給額を確認しておけばよかった」といった後悔の声が多く挙がり、早めの対策がいかに大切かわかります。また、「老後資金は2000万円必要なの？」「年金が将来もらえなくなるって本当？」など、誤った情報に踊らされている人も多いようです。

漠然とした不安を取り除き、安心して老後を迎えるために、ぜひ本書で正しい知識を身につけてください。

老後にもらえるお金と、必要になるお金。
いまのうちに確認しておけば不安も解消！
さっそく、老後の備えを始めていきましょう

老後のお金、本当に足りますか？
〜登場人物〜
夫 A男
55歳
小学校教諭
子 A君
高2男子
大学受験を控える
妻 A子
50歳
パート
大学受験の勉強も、いよいよ本腰入れないとね！
またゲームやってる…
集中講習もそろそろ申し込むだろ？
翌日
申し込み案内だわ
集中講習のご案内
え!?!!
講習代って……
こんなにかかるの!?
大学入試対策
私立 理系コース
1講座
21,000円～
体験入塾へきてね！
ガーン
この先も直前講習に受験料、入学金、授業料がかかるし……
ホントだ…
一人暮らしをしたら仕送りもあるしなぁ……
志望校を目指すなら今でしょ！

親の介護だって、いつ始まっても不思議じゃないし……
いってきまーす
しかも、僕の定年もそう遠くないし……
気をつけて
退職金や年金もあてになるかわからないよね
歳をとれば私たちの医療費も増えるだろうし……
「人生100年時代」ってことは定年後の人生も長いのよね
この先のお金、本当に足りるのかな……?
そんなときは、私の出番ですね?
横山先生~!!
先生助けてください~!
老後に2000万円必要って本当なんですか?
では、一緒に老後のお金について学んでいきましょう!
先生! お願いします!!

目次

第2章 年金・保険について詳しく知りたい

第3章　まだ間に合う！ 老後資金の貯め方＆増やし方

第４章　老後を楽しく暮らすコツ

第1章

老後資金はいくら必要？

知りたいポイント①

老後資金、本当に「2000万円」必要なの？

answer

十分な人もいれば、足りない人もいるのが現実

「なぜ2000万円か」をまず理解しよう

老後の資金問題を考えるときに、まず「2000万円必要なのでは？」と思う人が多いのではないでしょうか？

この「2000万円」という数字は、2019年6月に金融庁が発表した数字。多くのメディアが「夫婦二人では老後の30年間で

みんなの声
●貯蓄も少なく、このまま定年を迎えたら生活はどうなるの?

2000万円不足する」と取り上げ、話題となりました。

この試算には
●夫65歳以上、妻60歳以上の夫婦
●夫婦ともに無職で年金だけが収入源
●夫は厚生年金受給者、妻は専業主婦
という前提があります。

この場合、夫婦二人の標準的な年金額は約21万円。しかし、右記夫婦の平均的な生活における支出額は約26・5万円。
そうなると、毎月約5・5万円の不足が生じるわけです。すると、1年では66万円、20年では1320万円、30年では1980万円不足することに。
人生100年時代ですから、もっと長生きすることも考えられる

これって何?
老後資金2000万円
2019年に金融審議会「市場ワーキング・グループ」がまとめた報告書で出された数字をもとにしている

みんなの声
●そんなに貯めている人ばかりではないと思いたいけど……

でしょう。これが、「2000万円」という数字の根拠です。

つまりこの報告書が言いたいのは、あくまでも「長寿化はどんどん進んでいくから、充実した人生を送るためには自分たちで備えておこうね」という「自助努力」を促すこと。「2000万円あるから大丈夫」でも、「2000万円なきゃダメ?」でもないのです。

〈ここがポイント〉
2000万円はあくまでも試算! 大事なのは「備え」が必要であると認識すること

これって何?
国民年金
国民皆年金制度により20歳以上60歳未満の人はすべて加入しなければいけない公的年金。基礎年金ともいわれる。

みんなの声

●50代半ばなのに2000万円には程遠い貯金額で、あせりを感じる

いくら必要になるかは、個人の状況で変化

ここで、試算の前提条件を見て「自分とは違う」と思った人もいるのではないでしょうか？

「持ち家だし、夫婦で26・5万円も必要ないな」

という人もいれば、

「夫婦ともに自営業者だから国民年金しかない」

「賃貸の家賃を考えると26・5万円では足りなそう？」

という人もいるかもしれません。また、60～65歳を超えても収入を得られるように働き続けることを前提にしていたり、資産形成を始めている人もいるでしょう。

つまり、老後に必要な資金の額は個人の状況により大きく異なるのです。

これって何？

厚生年金

国民年金に上乗せされて支払われる年金で、会社に勤務している人が加入。事業主（会社）が保険料の半額を負担している（労使折半）。

知りたいポイント②

老後に本当に必要な資金は？

answer

まずは「老後のビジョン」を決めていこう

「どんな生活を送りたいか」で金額は変わってくる

老後に必要な資金を求める、基本的な計算式がこちらです。

（老後の生活費（年）－年金受給（予定）年額）×20～30年など生きる見込み期間＋1000万円

これって何？

老後のリフォーム

階段や浴室に手すりを付ける、家の中の段差をなくすなど、高齢者になっても安全に暮らすためのリフォームが中心となる。

みんなの声
●老後を楽しむお金も絶対確保したい！

この最後の1000万円は、夫婦の場合の目安金額。医療や介護、娯楽のためのお金や家のリフォームなど、大きな出費や自分たちの楽しみに使えるお金です。余暇を大いに楽しむビジョンを描いているなら多めに準備を。

老後の生活には、いろいろと想定外の出費がつきものです。ギリギリで計算しておくのではなく、余裕を持って備えておくことで、安心して老後の生活を送ることができますよ。

〈ここがポイント〉

年金と生活費の差額だけで考えるのではなく、プラスして備えよう

これって何？

老後資金2000万円

原則として65歳から受給開始。それまでは60歳だったのが段階的に引き上げられ、男性は1961年4月2日生まれ以降、女性は1966年4月2日生まれ以降は65歳に。

みんなの声
●うちは子供が大学卒業前に夫が定年を迎えるから、貯金しておかないと……

２０００万円では足りない人が実はほとんど？

「２０００万円」はあくまでも試算であり、個人差が大きいことを知って安心した方も多いかもしれません。しかし実情は、夫婦二人で暮らす場合には「２０００万円では足りない人が圧倒的に多い」と横山先生は指摘します。これは、想定よりも収入が減ってしまったり、支出が増えてしまったりすることがままあるためです。

老後の生活費の目安、持ち家の有無、家族構成、親や配偶者の介護にかかる費用、何歳まで働くかといった点をふまえて老後資金をシミュレーションしたとしても、介護や自身の病気のために働き方を変える必要が生じたり、退職せざるを得なくなったりして、想定よりも収入が減ってしまう可能性があります。

また、昨今では晩婚化が進み、定年を迎えたときにまだ子どもが

これって何？

晩婚化

初婚年齢が遅くなること。出産年齢の高齢化が介護負担との重複につながるケースが増えている。

独立しておらず、教育費や生活費が想定以上にかかるケースも。教育費の負担と親の介護が想定外に重なり、家計を圧迫するケースも考えられるでしょう。

だからこそ、「2000万円」という額に振り回されず、自分自身でしっかりと老後の生活のビジョンを立て、「自分の場合」の必要な金額をシミュレーションしておくことが大切なのです。

〈ここがポイント〉

「2000万円貯まりそう!」という人も、油断は禁物

みんなの声

●子供3人の教育費と介護費用はいくらかかるんだろう……

知りたいポイント③

どのくらい貯金しておけば安心できる？

answer

それぞれの状況で「必要な貯金額」は変わります

「年金がいくらもらえるか」が判断のカギ！

前述のように、老後に必要な金額は「2000万円」とは言い切れない、というのが現状。ではいったい、どのくらい貯金しておけば安心なのでしょうか？

それを判断するポイントは「年金がいくらもらえるか」。詳しい金

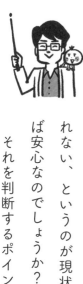

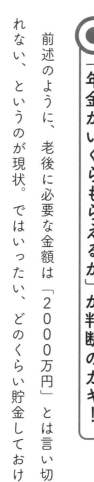

みんなの声
●夫のほうが厚生年金の額が高いので、夫に先立たれたら……と不安になってしまいます

額は第2章で説明しますが、ここからは仮に国民年金を40年間きちんと納め、月に約6万5000円もらえるという前提でシミュレーションをしてみましょう。厚生年金はかなり個人差がありますが、平均的な額で月に男性約16万3000円、女性で約10万4000円で計算していきます。

●**夫婦ともに会社員の場合**……もらえる年金は厚生年金で、夫婦で月額約26万7000円。

●**夫が会社員＋妻が専業主婦家庭の場合**……もらえる年金は厚生年金（夫）＋国民年金（妻）で、夫婦で約22万8000円。

●**妻が会社員＋夫が自営業家庭の場合**……厚生年金（妻）＋国民年金（夫）で、夫婦で約16万9000円。

●**夫婦ともに自営業、もしくは自営業＋専業主婦の場合**……夫婦ともに国民年金になるので、夫婦合わせて月に約13万円。

大切なのは、これらの年金収入額と、老後の生活費の「差額」。

前述のように、「生活費と年金の差額×生きる予定の年数分＋1000万円」が必要な老後の生活費となります。

みんなの声
●持ち家なので、元気なうちに老後のリフォーム代を貯金しておかなくては…と焦っています

ポイントは住宅費！あるかないかで支出が大幅に変わる

必要な生活費の中で、大きなポイントとなるのは「住宅費」です。例えば65歳になったときに既に住宅ローンを払い終わっていれば、「年金収入だけでも十分に暮らしていける」という人は多いでしょう。

ただし、修繕費やリフォーム代などの大きな出費がかかるのは大前提です。住宅リフォーム推進協議会の調査によれば、老後のリフォーム費用の平均は戸建て約300万円、マンション約240万円という数字も。

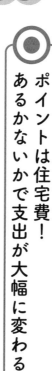

一方、賃貸生活の人はずっと支出が続いていくこととなります。まだ働き続けることができる年齢ならいいのですが、いざ年金生活となると、この家賃がかなりの出費となり、毎月の生活費を圧迫することとなります。

賃貸生活の人で資金面に不安がある人は、老後は自治体があっせんする公営住宅など高齢者用の安い住宅に移り住むことなどを想定しておきましょう。

高収入だからといっても安心できない?「貯める」と「節約」を同時に行おう!

「だったら60歳、65歳になるまでになるべく貯金をしておこう」と考える人も多いでしょう。ところがここで落とし穴となるのは教育費や介護費。晩婚化が進む現代では50代でも子供の進学などで

これって何?

公営住宅

自治体が住宅に困窮する低額所得者などに対し供給している、低額の家賃で住める住宅。ただし収入や家族構成に制限があったり、入居希望者が多く順番待ちの場合も。

大きな出費が必要になる家庭が多く、また同時に親の介護などが必要になることもあり、思ったようにお金が貯まらないケースも。

もしも現在の家計から出した月々の生活費が大幅に年金額を上回るようでしたら、必要なのは「家計のスリム化」です。

例えば年収が1000万円以上ある、いわゆる「高収入」と言われる家庭であっても、生活費が大幅にかかっていて老後破綻しかねない家庭はたくさんあると言われています。それらの原因は「お金があればあるだけ使ってしまう」状態、いわゆる「メタボ家計」になっている人が多いということ。40〜50代では赤字を出さずになんとか生活できていても、なにかの拍子に赤字収支に落ち込んで破綻してしまう……そんなご家庭が意外と多いと言われています。

仮に現在、年収1100万円で会社員の夫43歳、専業主婦の妻41歳、高1・中2・中1の子供3人という家庭を想定しましょう。月の手

これって何？

メタボ家計

収入自体は十分あるのに、それ以上に出費がかさんでいるために赤字になってしまっている状態。

みんなの声
●「今の生活水準を落とさずに老後も暮らしたい」がホンネ。ムリなのかなぁ……

取りは約51万円、支出は教育費が多くかかっていることから49万円ほど。かろうじて破綻はしていない状況です。

この家庭の場合、老後に減らせる支出は子供たちの教育費程度。そこを差し引くと、夫婦の老後の生活費は月に38万円ほどかかる計算となりました。老後の年金生活では、大幅に足りない可能性があるでしょう。

このように、いくら高収入でも出費が多く老後も改善ができなければ貯蓄の減るスピードが早くなりますし、まして老後までに貯蓄が十分にできていないのなら、早々に老後の生活が窮地に陥るでしょう。つまり、老後破綻は避けられない可能性が高くなるのです。家計を見直し、旅行や趣味にお金を使いすぎていたり、ムダな買い物が多くないかをチェック。楽しみつつも貯蓄に回せる金額を増やせないか、コントロールする方法を検討してみましょう。

知りたいポイント④

みんなどのくらい貯金をしている？

answer

60歳代の平均貯蓄額は1819万円、ただし中央値は700万円

国の統計データを見てみよう

どのくらい老後の資金が必要で、どのくらい貯蓄しておけばいいのかは、ご家庭によりけり……そうは言われても、他の人がどのくらい貯蓄をしているか気になる。そういう人も多いと思います。

ここで、国が出している統計データ（P32）を見てみましょう。

みんなの声
●働けるうちに貯金しておけばよかった

令和4年に金融広報中央委員会が発表した「家計の金融行動に関する世論調査(2人以上世帯調査)」から抜粋したものです。

こちらを見ると、各世代の平均貯蓄額がわかります。40歳代で825万円、50歳代で1253万円、60歳代で1819万円。ただしこの金額はあくまでも「平均」であり、金融資産を多く持っている一部の人が平均金額を押し上げている、という状況もあります。

そこで注目したいのは「中央値」。データを小さい順から並べた中央の値がどれかということで、いわば〝ボリュームゾーン〟と言えるでしょう。そちらを見ると、40歳代は250万円、50歳代は350万円、60歳代は700万円となっています。

ちなみに、全世代の「2人以上世帯」の平均貯蓄額は1291万円。中央値は400万円です。1291万円の内訳を見ると預貯金が約半分の562万円で、残りは生命保険や投資信託、株式や財形貯蓄など。みなさんの場合はいかがですか?

みんなの声
●独身で一人暮らし。おひとりさまの老後はどのくらい貯金があれば安心?

金融資産の平均保有額
(※金融資産を保有していない世帯も含む)

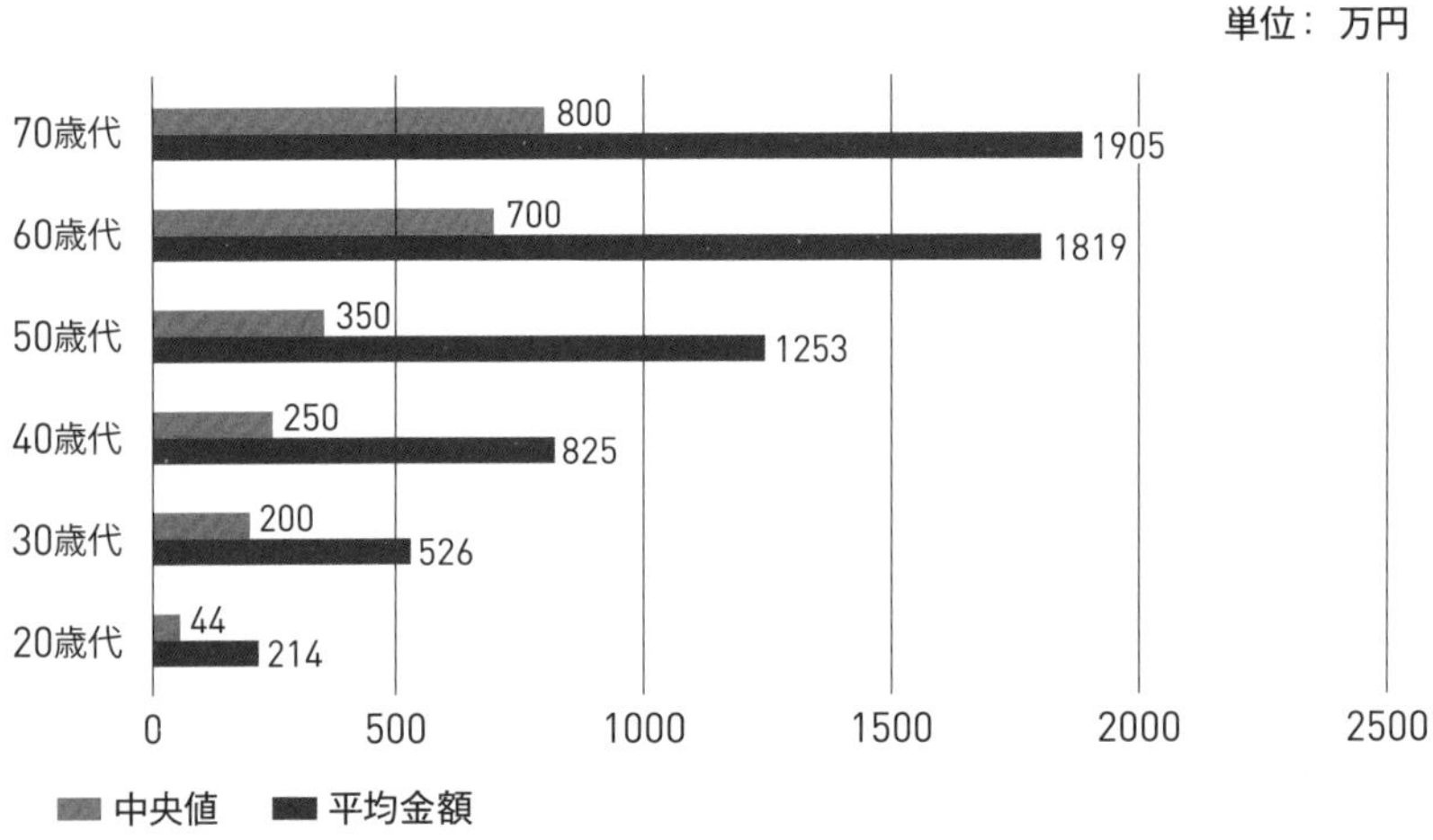

このデータは、世帯主の年齢別の平均保有額。
単身世帯と2人以上世帯の両方が含まれています。
あなたの場合は平均、中央値、どちらに近い?

これって何?

「貯金・預金」と「貯蓄」の違い

お金を貯めること全般が「貯金・預金」と呼ばれるのに対し、「貯蓄」はお金だけではなく、投資信託や株式、保険、債券なども含む。

みんなの声
●現在パート。自分の貯金や年金が少なくて心配……

平均データはあくまでも参考に!

しかし! 国の出したこの平均データを見て、一喜一憂するのも危険なこと。皆さんが準備している老後資金は〝ピンからキリまで〟個人差が大きいのが実情。ほとんど貯金がない方もいますし、億以上の金融資産を持っているという方もいます。

何度も繰り返すように、老後に必要な資金は個人や家庭の状況により大きく変化します。「国のデータに自分も合わせていかなくては」と思うのではなく、一般的な金額は参考程度にとどめ、「自分の場合」を考え、準備を始めていきましょう。

〈ここがポイント〉
「他人の貯蓄額」は気にせず、自分が今、そしてこれから貯められる額に目を向けよう!

これって何?
金融資産
預貯金、株式、投資信託・生命保険などの資産のこと。

知りたいポイント⑤

この先にかかるお金が知りたい

answer

介護や葬儀などライフイベントを把握しておこう

まずは「生活費」の把握から

おそらく、老後の資金に関して多くの方が不安に思っているのは、「想定外の出費が起きたらどうしよう」ということだと思います。

それに関しては、老後の資金を具体的にシミュレーションすることで、ある程度の不安は解消できます。では、どのようなことに気をつけてシミュレーションを行えばいいのでしょうか？

これって何？

通信費

電話代だけでなくインターネット費用や郵便費用も含まれ、家計に占める割合が近年増えている。

みんなの声

●介護費用など「老い」に備えるお金はいつから貯めればいい?

まず、日々の生活費を把握しましょう。食費や光熱費、通信費、交際費、交通費、娯楽費、毎月引き落とされるサブスク（サブスクリプション）やアプリの料金。自分たちの生活スタイルから、これらがいくらかかるかを書き出し、把握しておきます。

家計簿をつけていない人は、これを機につけ始めることをおすすめします。書店などで販売しているノートタイプの家計簿でもいいですし、レシートを貼って管理するタイプや、パソコンで入力するもの、スマホのアプリケーションを使ったものもあり、近年はバリエーションも増えています。自分が記入しやすいものを探し、まずは数ヶ月だけでも記録をつけ始めれば、「未来の生活に必要なお金」がだんだんと見えてくるだけでなく、お金を意識して使うようになり、自然と貯蓄体質に！　老後の資金対策にも役立ちますよ。

これって何?

家計簿選びのコツ

「家計簿を記入するのが苦手」という人は、項目分けが少なくシンプルなものを選ぶと続けやすい。

みんなの声
●子供に迷惑をかけたくないので、いずれ施設に入りたいけど、お金が……

様々な状況を想定しておくことが必要

次に、今後状況に応じて発生しうる支出を把握します（左は一例）。

●自分や配偶者の介護費用……月に約8万円
●医療費……個人差が大。65～69歳の年間自己負担額は平均8・3万円というデータも（厚生労働省調べ）
●リフォームなど住居に関する大きな費用……300万円前後
●自分や配偶者の葬儀費用……約100万～150万円
●老人介護施設などへの入居代……月に約15万円程度（入居一時金含まず。P55～56参照）

また、前述のように晩婚化が進んでいるため、60歳を超えた後に子供の大学進学費用などが必要になる方もいるでしょう。

これって何？
墓じまい
何らかの理由で墓を移動する場合、墓石を撤去し、墓地を更地にして使用権を返すこと。場合によっては供養を永代にわたって寺院や霊園に任せる「永代供養」とすることも。

みんなの声
●体を壊して働けなくなったらどうしよう。収入がなくなるのは、とにかく不安

親に関するお金はきょうだいで相談も

ほかにも、人によっては両親の墓じまいや家の処分、相続に関しても逆に金銭の負担が必要となるいわゆる「マイナスの相続」が発生する可能性があります。

しかし、親の介護や葬儀などの費用に関しては、もしきょうだいがいる場合は一人で負担しなくてもいい可能性があります。あらかじめ、介護などをどう分担するかはきょうだいや身近な人と相談しておくのもよいでしょう。一人で対応しなければいけない場合は「親はどれくらい準備しているか」を把握しておくと、自分がどの程度備えておくといいのかが考えやすくなります。

〈ここがポイント〉

「親にかかるお金」は、元気なうちに本人&周囲と相談を

これって何？

相続
亡くなった方が所有していた財産（すべての権利や義務）を特定の人が引き継ぐこと。

知りたいポイント⑥

「介護」にかかるお金は？

answer

「一人800万円」を目安に準備しよう

まずは介護費用の平均額を把握！

多くの人が、老後に関して不安に思っていることの一つが「介護」。自分や配偶者に介護が必要になったら、そのお金はどのくらいかかるのでしょうか。まずは、データを見ていきましょう。

（公財）生命保険文化センターが発表した「2021年（令和3）年度生命保険に関する全国実態調査」によれば、介護にかかる一時

これって何？

介護保険

介護サービスを受けたときの費用負担を軽減できる国の制度。40歳になると被保険者として介護保険に加入する。

的な費用は74万円、月々の費用は8万3000円が平均というデータが出ています。介護期間の平均は5年1ヶ月。

トータルで計算すると約580万円ですが、これはあくまでも一般的な介護保険を利用したうえでの自己負担の平均額。介護もケースバイケースで、高額になる可能性もありますし、医療費も必要なケースも多いので、一人800万円を目標に準備しておくとよいでしょう。

また、バリアフリーにするためのリフォーム代や介護ベッドの費用、乗り降りしやすい車への買い替えなど、介護のための環境を整えるための費用は状況によって変化します。平均金額はあくまでも目安と考えておきましょう。

みんなの声

● 配偶者が死んで一人になったときの、自分の介護費用が気になります

介護費用の平均

一時的な費用	月々の費用
740,000円 ※住宅改造や介護ベッドの購入などの合計	83,000円

介護期間の平均

61.1ヶ月（5年1ヶ月）

※（公財）生命保険文化センター「2021（令和3）年度生命保険に関する全国実態調査（速報版）」より作成

みんなの声

●長生きはしたいけど介護の費用を考えると不安になる

生活費とは別にまずは1000万円の準備を

介護問題の厄介なところは、「いつ必要になるかが見えない」ところ。「○年後に必要になるから準備しておこう」という明確な時期が読めず、ある日突然介護生活がスタートする……という状況が大半です。

そのため、あえて「介護費用」という準備の仕方ではなく、さまざまな支出を含めた準備をおすすめします。P20でお話しした「1000万円の予備費」は、介護にも使えるお金なのです。一人800万円を目指して、夫婦ならまず、1000万円を貯めていきましょう。

〈ここがポイント〉

いつ必要になるかわからないお金だからこそ、予備費として準備しておこう

みんなの声
●親の介護をしている人の話を聞くと、お金や人手のルールを決めておくのは大切だなと思う

親の介護費用は親の資産から、が基本

自分たちの老後の費用で手いっぱい、親の介護はどうしたらいい？ と思う人もいるでしょう。ご家庭の状況にもよりますが、基本的には「親の介護費用は親の資産から、自分たちの介護費用は自分たちで」という考え方でいいと思います。

そのためにも、親がどう考えているのか、どのくらいの資産があるのか、費用や人手などをきょうだいなどと分担することができるのか。突然そのときが来ても慌てないために、事前に話し合っておくことが大切です。ただし、親の介護や老後の話はデリケートな話題でもあります。「こういうことを相談したい」という項目をあらかじめコミュニケーションアプリなどで共有しておき、会ったときにスムーズに話ができるよう、準備しておきましょう。

知りたいポイント⑦

何歳まで働く想定でいればいい？

answer

人生100年時代が到来。なるべく長く働ける働き方を考えよう

「60歳でリタイア」は過去の話

2021年4月より改正高年齢者雇用安定法が施行され、65歳までの雇用確保が義務化されました。つまりこれまでの「60歳が定年」ではなく、65歳までは何らかの形で就業することが可能となります。また、70歳までの雇用も努力義務化されています。

これって何？

定年

労働者が一定の年齢に達したことを退職の理由とする制度。法律で60歳を下回ることはできない。

みんなの声
●何歳まで働かなくてはいけないのかと、考えます……

そんな時代ですから、「老後の資産」を考えた場合には「なるべく長く働くこと」を考えておいたほうがよいでしょう。老後資金不足も、収入によって補うことが可能になります。

ただ、定年後の雇用継続では収入が下がる場合も多く、加齢に伴う体力の低下により、毎日フルタイムで働くことも難しくなるかもしれません。その場合は週に2～3日勤務する、短時間働くなど、自分の状況に応じて働き方を変えていくことが大切。

年齢を重ねることで、働き方も変わる。収入もその前提で想定しておきましょう。

〈ここがポイント〉

年齢を重ねるほど、現役世代とは働き方と収入が変わってくる

これって何?

最低賃金

使用者は年齢を問わず、定められた最低賃金額以上の賃金（都道府県により異なる）を労働者に支払わなくてはならない。2023年10月の全国平均は時給1004円。

みんなの声

●公的年金の額がどんどん減ってきているから不安……

「私的年金」の位置づけが変わってきている

「WPP」（P45参照）という言葉をご存じでしょうか？　人生100年時代と言われる現代の日本において、「年金活用」に関する考え方として近年提唱されている理論です。

かつては、60歳で定年したあとは公的年金をもらい、そこにあらかじめ会社主導又は自分で加入し準備してきた私的年金を上乗せする……というのが一般的でした。もちろん私的年金は全くないという方もいらっしゃいますが、近年、私的年金制度の利用が公にすすめられ、取り組む人が増えています。この私的年金を老後、上手く活用するには、公的年金はなるべく受給時期を繰り下げ、そこまでの「中継ぎ役」として私的年金を取り崩す……という考え方になってきています。

だからこそ、なるべく長く働ける状況をつくっておくことが大切。

これって何？

私的年金

公的年金の上乗せの給付を保障する制度で、国民年金基金や厚生年金基金、保険会社による個人年金もこちらに含まれる。

みんなの声

●今より収入が下がってもいいから
とにかく長く働きたい！

たとえば、定年退職後も同じ仕事を続けたいと思った場合には会社に早めにその意思を伝えておく。転職を考えている場合には早めにスキルを身に付けたりリサーチや人脈づくりをしておくなど、時間をかけて準備をしておくことが必要となります。

パート・アルバイトになる場合は、自分が長く続けられる「働きやすく、自分に合った仕事」を見つけておくこと。収入がなくなり焦って仕事を探すことがないよう、早めに考えておきましょう。

「WPP」とは？

継続就労（**W**ork Longer）
私的年金（**P**rivate Pension）
公的年金（**P**ublic Pension）

の3つの言葉の頭文字をとって「WPP」。

働けるうちはできるだけ長く働き（継続就労）、公的年金は受給時期を繰り下げ、繰り下げた公的年金の受給時期までの「中継ぎ役」として私的年金を活用するという考え方。

知りたいポイント⑧

病気になったらかかるお金を教えて

answer

治療費、入院費、消耗品費……「働けない期間の生活費」も考えよう

「病気・ケガで必要なお金」を把握しておく

歳をとるにつれ、大きくなってくるのが「健康」への不安。病気やケガの場合は、どんな費用がかかるのでしょうか？　項目別に見ていきましょう。

みんなの声
●治療費が払えなくなってしまったら、子供に迷惑をかけるのでは……

みんなの声
●もし病気で入院になったら費用は保険でまかなえる？

●治療費……検査や投薬、注射、点滴などの費用のほか、手術や術後のリハビリ代なども含まれます。基本的には公的な医療保険（健康保険）が適用され、69歳までは自己負担は3割。70歳以上は収入に応じ1～3割負担となります。自己負担額が高額になった場合に使える「高額療養費制度」もあります。国が承認していない治療や薬を使用するなど「自由診療」を受ける場合は健康保険が適用されず、すべての治療費に関して10割負担となるので注意が必要です。

●入院費……入院した際にかかる一日あたりの基本料金が「入院基本料」。健康保険の対象となるため69歳までの自己負担は3割ですが、これは複数人が入院する大部屋の場合。個室などを希望すると一般的に一日5000円～数万円ほどの差額ベッド代が必要となり、これは保険適用されないため自己負担となります。

これって何？
高額療養費制度
加入している公的医療保険に申請すると、自己負担限度額を超えた分が払い戻される制度。詳しくはP90参照。

みんなの声
●老後に備えて医療保険に入り直すべきなのかと考え中です

●食事代……入院中の食事費用は自己負担となります。価格は国により決められていて、2023年11月現在は一食あたり460円です。

●日用品・消耗品費……入院中に読む雑誌や本、有料テレビの視聴カード、飲料、入浴やスキンケアに使うシャンプーや化粧水などの消耗品は全額自己負担。また、パジャマなどの着替えは家族か自分が用意することになり、難しい場合はレンタルを利用することになるのでその費用も。

●交通費……入院ではなく通院治療の場合、通院の交通費がかかります。これらは基本的に全額自己負担ですが、確定申告の際に医療費控除が使えることも。ただし公共交通機関に限られ、自家用車のガソリン代などは控除になりません。

これって何？

健康保険

病気やケガ、出産や死亡といった事態に備える公的な医療保険制度。国が運営する「国民健康保険」と企業など社会保険の適用事業所に勤める人が加入する「健康保険」があり、後者にはさまざまな「組合健保」もある。

みんなの声
●定年後すぐ病気になりました。医療費・通院費が負担です

働けない間の「生活費」はどうなる？

会社員など健康保険に加入している人の場合、仕事を休んだ日から連続して3日間の後、4日目以降の仕事に就けなかった日から健康保険組合より「傷病手当金」が支給されます。ただしこの期間、給与の支払いがないこと、就業中のケガなどによる休業ではないことなどの条件があります。金額は一日あたり標準報酬日額の2／3となります。非正規雇用でも、勤務先の健康保険に加入していれば傷病手当金をもらうことは可能。支給される期間は、支給開始日から通算して1年6カ月です。

ただし、国民健康保険にはこの傷病手当金制度がありません。自営業やフリーランスの人は、入院や治療が長引いた場合の生活費用を自分で用意しておく必要があります。

これって何？
標準報酬日額
社会保険料を計算するための金額で、その年の4～6月に支払われた報酬の平均額をもとに算定される標準報酬月額の30分の1。

知りたいポイント⑨

都会と地方、老後暮らすにはどちらがいい？

answer

「かかるお金」が変わるのでよく考えて選択を！

「地方は物価が安い」は本当？

「都会はなにかとお金もかかるし、貯金も少なくて心配だから、老後は物価の安い地方に移住しようかな……」

そんなことを思っている人も多いのではないでしょうか？

本当に、「地方は物価が安い」のでしょうか？　これを確かめるた

これって何？

地方移住

近年は移住者に向けて補助金を出したり、住宅や職業の斡旋をする地方自治体も増えている。

みんなの声
●地方のほうが生活費が安そうだし、老後は移住を検討中

めには、総務省が出している「消費者物価地域差指数」というものが参考になるでしょう。

これは、地域別の物価を明らかにすることを目的とした統計調査。毎年行われているものですが、この2021年度版の調査を見ると、物価水準が全国で一番高いのは東京都で、104・5。ついで神奈川県103・0となっています。この2トップは2013年以降変動がないようなので、しばらくは変わらないでしょう。

一方、最も低いのは宮崎県で96・2。次いで群馬県96・6となっており、「地方都市のほうが物価が安い」は、統計上では正しいと言えそうです。

これって何？

消費者物価指数

食品や生活用品など家計にかかわる財・サービスの平均的な変動を測定するもの。総務省から毎月発表されている。

みんなの声
●都会のほうが娯楽や医療施設は充実しているけど、お金がかかる？

「何が安いか」を見ると意外なポイントが……

それぞれの「物価」の項目を見てみると、「何が高くて何が安いのか」も見えてきます。

東京都と神奈川県で、他県に比べて高いものはやはり「住居費」。宮崎県と群馬県では、この住居費も圧倒的に低いことがわかります。住居にかかる費用を節約したい場合は、地方のほうが向いていると言えるでしょう。また、食料費に関しても地方のほうが指数が低く、メリットがありそうです。

こう見ると「老後暮らすには地方のほうがいいのでは？」と思う人もいるかもしれません。

しかし、公共交通機関が発達している都市

10大費目別消費者物価地域差指数

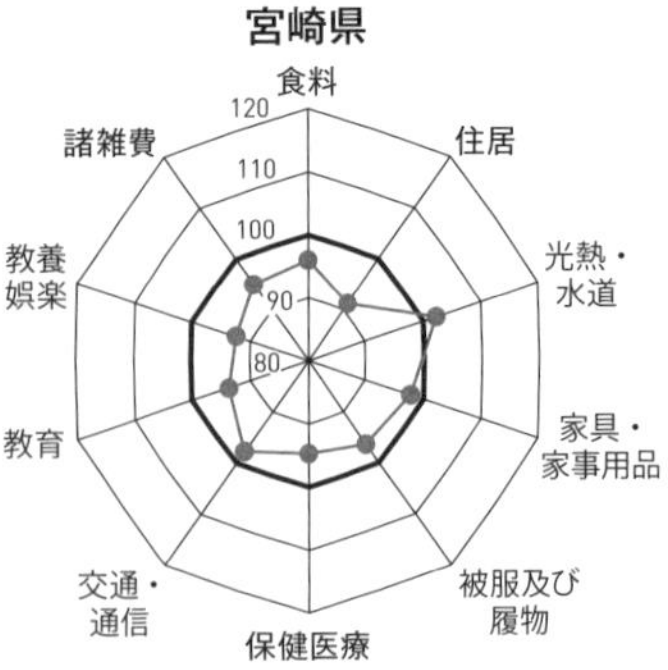

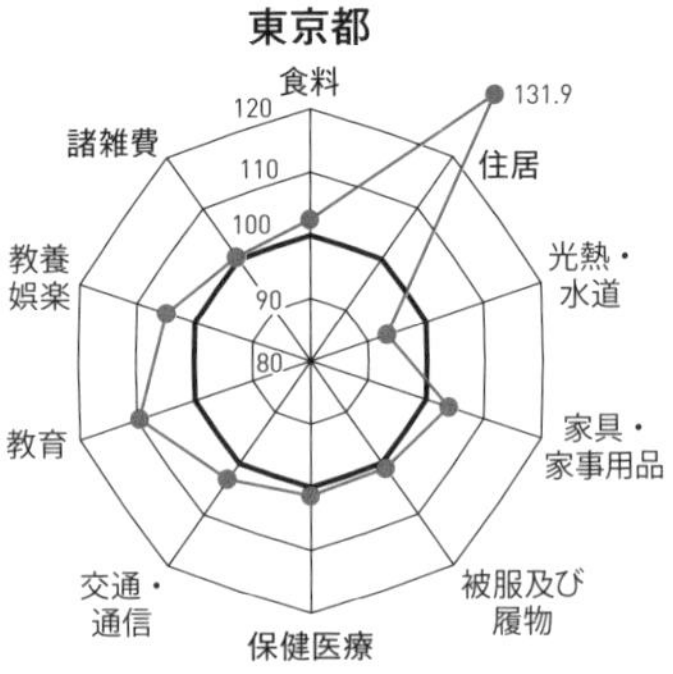

総務省　―小売物価統計調査（構造編）2021年（令和3年）結果より

みんなの声
●地方で暮らすと「いつまで運転できるか」が問題になるかも？

部と違い、地方に住む場合は自家用車が必要となります。ガソリン代や保険料などの維持費がプラスされることをトータルで考えると、本当に「地方に住んだほうが安い」のかどうかは考えどころ。下の表からもわかるように、地域によっては自家用車は「1世帯につき1台以上が必須」というデータもあるようです。免許を返納した後はどうする？　という問題も発生します。

　それぞれの資産状況や求めるライフスタイルに合わせ、慎重に判断する必要がありそうです。

〈ここがポイント〉

地方だと車が必須！　維持費用を考えておこう

都道府県別　自動車の1世帯当たりの普及台数　トップ3とワースト3

	都道府県	台数
47位	東京	0.416
46位	大阪	0.623
45位	神奈川	0.678

	都道府県	台数
1位	福井	1.698
2位	富山	1.640
3位	山形	1.635

自動車検査登録協会「自家用乗用車の世帯当たり普及台数（都道府県別）」（2023年3月末）より抜粋

知りたいポイント⑩

老人ホームに入るにはどのくらいかかる？

answer

費用はピンキリ！　介護度でも変わってきます

公的施設と民間施設の大きく2種類

老後は老人ホームなどの施設へ……と考えている人も多いと思います。また、現在単身だったり、子供がおらず「配偶者に先立たれたら一人で暮らしていける？」と不安に思う人もいるかもしれません。そういった事態に備え、どんな施設があるかを知っておきましょう。

みんなの声

●特養や老健、サ高住……いろいろ種類があるのでよくわからない。それぞれの違いを知りたい

公的施設

施設名	どんな施設？	月額相場	入居しやすさ
特別養護老人ホーム	通称「特養」。要介護3以上で入居できる。食事や入浴、日常生活の支援を受けることができる。	10万円前後	×
介護老人保健施設	退院後の自宅復帰を目指すための施設。リハビリを重視する人向けで入居期間は短い。	15万円前後	△
介護療養型医療施設（介護医療院）	高度な医療が必要な人向けに、24時間の医療ケアと介護を受けられる施設。介護療養型医療施設 は2023年度末に全面廃止され、「長期療養のための医療ケア」と「日常生活上の介護ケア」を一体的に提供する介護医療院となる。要介護者が対象。	15万円前後	△
軽費老人ホーム（ケアハウス）	家庭での生活が困難な高齢者を対象に、低料金で生活支援を提供する介護施設。自立しているが見守りがほしい方向けの自立型と、食事や入浴、日常生活の支援を受けられる要介護1以上が入居条件の介護型がある。	15万円前後	△

※金額はあくまでも目安で、居室タイプにより異なる。

これって何？

要介護度

介護サービスの必要量の度合い。訪問調査や主治医意見書のデータを基に、専門家による審査会を経て決定される。

民間施設

施設名	どんな施設？	月額相場	入居しやすさ
サービス付き高齢者向け住宅	主に要介護度の低い高齢者を対象としたバリアフリー構造の住宅。介護士・看護師等の有資格者が常駐している場合も多い。	10万～30万円	◯
介護付き有料老人ホーム	介護や生活支援を受けられる老人ホーム。要介護のみ可の介護専用型と、自立、要介護のどちらも可の混合型がある。入居時自立を条件とした「自立型」も。入居一時金は0円から1000万円以上と幅広い。	15万～35万円	◯
住宅型有料老人ホーム	自宅に住んでいる感覚で利用できる施設。要介護者・要支援者・自立者など幅広く入居可能。入居一時金は0円から380万円程度と比較的安価なところが多い。	15万～35万円	◯
グループホーム	認知症を患っている人が5～9人程度のユニットを組み、サポートを受けながら共同生活をする施設。基本的には要支援2以上の認定を受けている認知症の方が対象。	15万～35万円	△
健康型有料老人ホーム	健康で介護の必要がない、自立した生活が送れる人を対象とした施設。介護が必要になった場合は退去や転居になる可能性がある。入居一時金は0円～1億円と最も幅が広い。	0～40万円	△
高齢者向け分譲マンション	バリアフリーが整っているマンション。家事援助サービスを受けられる施設も。購入費用は中古で1000万円～、なかには数億円と高額なものも。	数十万円	△

※金額はあくまでも目安で、施設や地域、要介護度などによって異なる。
別途入居一時金がかかる施設もあり、金額には0円～1000万円など大きな差がある。

公的施設は安価だが要介護度の条件あり、民間施設は入りやすいが高額なことが多い

これらの施設はそれぞれかかる平均費用は変わってきますが、一般的に公的施設は初期費用が0円〜、月額の費用も民間施設より安価な場合が多いですが、5万〜17万円程度の月額費用は必要です。また、高齢化社会が進むにつれ、これらの公的施設はどこも「順番待ち」状態になっており、介護度が高い人のほうが優先される傾向があります。

〈ここがポイント〉
費用が安い公的施設に入れるかどうかは、そのときの「介護度」による

これって何？
認知症
いろいろな原因で脳の機能が低下したことにより、生活するうえで支障が出ている状態。65歳以上から発症する率が上がる。

まとめ

第1章

老後資金はいくら必要？

- 老後に必要なお金は「2000万円」ではない！
足りる人もいれば、足りない人もいる

- 老後に必要な資金は「生活費－年金」×生きる見込みの年数。
まずは必要な生活費を把握しよう

- 必要な最低限の老後資金以外に、
夫婦で1000万円の余剰資金を貯めておこう

- 人生100年時代が到来、65歳を過ぎても働くことを考えよう。
ただし働き方と収入は変化する想定を！

- 安易に「老後はお金のかからない地方に移住しよう」
と考えると、車の維持費など思わぬ出費が必要に

第2章

年金・保険について詳しく知りたい

年金や保険、きちんともらえるか心配……
みなさんの不安を解消する制度やサービスがありますよ♪

知りたいポイント⑪

年金っていくらもらえるの？

answer

国民年金か厚生年金かで大きな差が。「ねんきんネット」で確認しよう

まずは「年金の仕組み」を知ろう

年金の受給額は、「どんな種類の年金をどれだけかけたか」で変わります。そのため、受け取れる年金の金額を知るには、まずは「年金」の仕組みについて理解しておきましょう。

日本の年金制度は、建物に例えると「3階建て構造」になってい

これって何？

確定給付企業年金

厚生年金の適用事業所において、事業主が従業員と給付の内容をあらかじめ約束し、高齢期において従業員がその内容の給付を受けることができる企業年金制度。

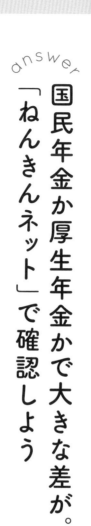

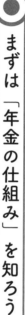

みんなの声
●郵送されてくる「ねんきん定期便」を見てもいまひとつよくわからない……

ます。

まず1階部分に、すべての国民が加入する基礎年金である「国民年金」があります。2階部分は、会社員や公務員が加入する「厚生年金保険」です。3階部分は、確定給付企業年金や確定拠出年金、厚生年金基金などの企業年金や国民年金基金、iDeCo（イデコ）などの個人で加入する年金だと考えてください。

国民年金のみ加入している人は、受給できるのは国民年金の金額のみとなります。厚生年金に加入している人は、国民年金に加えて厚生年金の金額が上乗せされます。企業で加入する年金やiDeCoはそれに加えて給付される、という仕組みです。

年金の仕組み

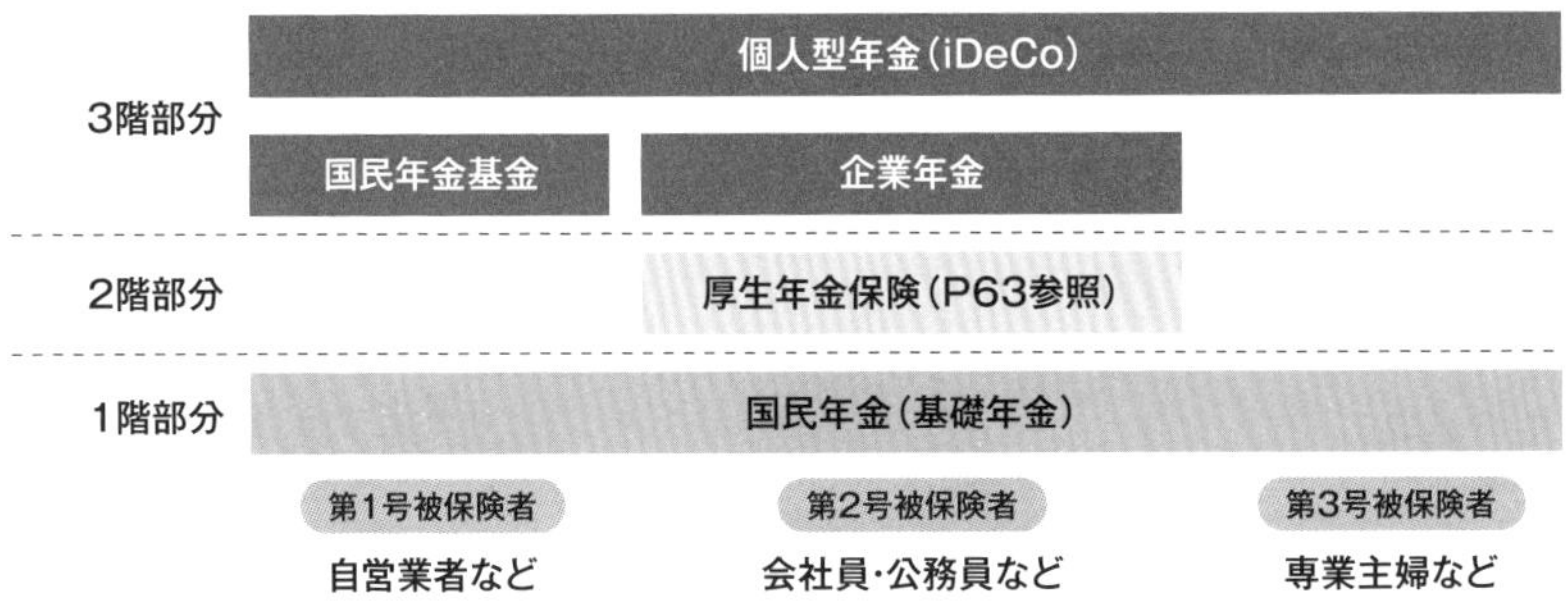

みんなの声
●年金の仕組みを知ろうと思いつつも、難しそうで、放置している……

年金の額は、計算式で決まっている

一年にもらえる年金額は、左の式で概算を出すことができます。
こちらは2023年分を基準にした計算です。

①国民年金　6万6250円（2023年年金月額）×（※保険料納付月数÷480カ月）×12

②厚生年金　自分の平均年収×加入年数×0.005481

※保険料納付月数の計算が必要なのは、480カ月未満の場合のみ。

年金額や年収は変動するため目安ではありますが、国民年金のみ払っている自営業の方は①の6万6250円（年79万5000円が満額）。会社員の方は①＋②が受け取れる年金額となります。

仮に大学卒業後に23歳で就職し、65歳で定年を迎えたとすると、厚生年金の加入期間は42年（504カ月※）。男性の平均報酬額は

これって何？

確定拠出年金

拠出された掛金とその運用益との合計額をもとに将来の給付額が決定する年金制度。加入者自身が資産運用する必要がある。企業型と個人型があり、個人型の通称が「iDeCo」。

> **みんなの声**
> ●そもそも「本当に年金がもらえるのか」不安に思ってます

2020年度末のデータで月額約35万円（年収約420万円）、女性は月額約24万円（年収約288万円）ですから、計算すると

男性	年間約176万円
女性	年間約146万円

となります。

「計算が複雑でよくわからない」という人は、日本年金機構が開設している「ねんきんネット」にアクセスしてみましょう。マイナンバーカードとメールアドレスを準備して登録をすれば、自身の年金の記録や、将来もらえる見込額を計算することができます。マイナポータルからも確認できますよ。

ねんきんネット　https://www.nenkin.go.jp/n_net/

これって何？

厚生年金基金
国に代わって企業が厚生年金の給付の一部を代行し、さらに企業独自の上乗せ給付を行うことができる年金制度。2014年に実質廃止された。

知りたいポイント⑫

年金を増やす方法はある？

answer

掛け金を増やすか「繰り下げ」を

国民年金でも諦めない！ 年金を増やす方法とは

国民年金の場合、トータルの年金支給額を試算して不安に思った方もいるのではないでしょうか？ しかし、今すぐ対策を始めれば、しっかりと備えることが可能です。

もらえる年金の額を増やすには、大きく3つの方法があります。

これって何？

繰り下げ受給

年金を65歳で受け取らず、66歳から75歳までの年齢で受給開始すること。

みんなの声
●50代の今からでも年金を増やす方法があるなら知りたいです！

①国民年金基金や私的年金などの制度を併用する
②受給年齢を繰り下げる
③未納分を追納する（満額に近づける）

①は国民年金基金やiDeCoなどを使い、掛け金自体を増やすという方法。②は「受給年齢を遅らせることでもらえる年金を増やす」という方法です。実は国民年金も厚生年金も、66歳以降に「繰り下げ受給」をすることで受給額を増やすことができます。こちらについては、後ほどまた詳しく説明します。③はこれまでに年金の未納期間がある人の場合、追納をすることで支給金額を増やすことができます。ただし、納付期限から10年過ぎた場合は追納はできません。

これって何？
国民年金基金
自営業や非正規雇用者などの国民年金加入者を対象とした、国民年金に上乗せして加入できる公的な年金制度。

みんなの声
●「投資は怖い」なんて言ってないで、iDecoについて勉強しなければと……

年金の掛け金を増やすと、メリットがたくさん

年金には、「掛け金を多くすることで将来の受給額を増やす」さまざまな仕組みが用意されています。

●**国民年金基金**……自営業やフリーランスなど、国民年金の被保険者が利用できる制度。国民年金に上乗せした年金を受け取るための公的な年金制度で、掛け金の額により将来の年金額が決定します。終身年金が基本で、遺族に一時金が支給される「A型」か、一時金が支給されないが掛け金が抑えられる「B型」のいずれかを選ぶ

●**iDeCo**……国民年金や厚生年金に上乗せした年金を受け取るための「個人型確定拠出年金」で、金額に条件はあるものの誰でも加

これって何?
終身年金
支給開始以降は生存している限り生涯にわたって支給される年金。死亡した時点で年金の支給が終了する。

みんなの声
●自営業で国民年金。年金だけでは生活できないかも?

入可能。自分で運用商品を選ぶ必要がある

●**付加保険料**……国民年金の加入者が、毎月の保険料に加えて月額400円の付加保険料を納めることで、将来受け取る年金額を増やすことができる仕組み

これらは、トータルとして年金の支給額を増やすことができるだけでなく、所得控除を受けられるというのが最大の特徴です。住民税や所得税を軽減することができるので、将来に備えながら節税した分を貯蓄に回す……ということも可能に。特に国民年金基金やiDeCoの場合は金額が大きくなるため、節税効果が見込めるでしょう。

iDeCoについてはこのあとのページでまた詳しく説明しますので、それぞれの特徴を把握し、自分に適した方法で始めてみましょう。

これって何?

所得控除

所得税の額を算出する際、所得から一定の金額を差し引くことで課税される金額が少なくなること。

知りたいポイント⑬

年金の保険料額、この先どこまで上がっていくの？

answer

国民年金は上限に。しかし……

国民年金の保険料額、実はこんなに上がっている

国民年金や厚生年金、健康保険などの「社会保険料」。国民年金の保険料納付書や、給与明細を見て「金額が上がったなあ……」と思った人はいるのではないでしょうか。

実は国民年金の保険料は、2004年の年金制度改正により、毎

みんなの声
●健康保険や厚生年金がどんどん上がっていくのが辛い

年段階的に引き上げられています。この改正により、2017年まで毎年280円ずつ引き上げられていくことになりました。その理由としては「年金の給付と負担について見なおし、保険料の引き上げを極力抑えて給付水準を調整するため」。また、産前産後の保険料免除制度の施行により、2019年からは月額100円程度上昇しています。

P70の表は、国民年金保険料の変遷をまとめたものです。2023年度の国民年金保険料は1万6520円ですから、19年間で3220円も上昇していることがわかります。これは、納付額を徐々に引き上げることで、少子高齢化が進行していくなかでも財源を確保するという目的があるようです。

これって何？
産前産後の保険料免除制度
国民年金は出産日挟み約4ヶ月、厚生年金は産前産後休業開始月から終了日の翌日の月の前月という違いがある。

上がるだけではなく下がることもある？

国民年金保険料の変遷

2004年度	¥13,300
2005年度	¥13,580
2006年度	¥13,860
2007年度	¥14,100
2008年度	¥14,410
2009年度	¥14,660
2010年度	¥15,100
2011年度	¥15,020
2012年度	¥14,980
2013年度	¥15,040
2014年度	¥15,250
2015年度	¥15,590
2016年度	¥16,260
2017年度	¥16,490
2018年度	¥16,340
2019年度	¥16,410
2020年度	¥16,540
2021年度	¥16,610
2022年度	¥16,590
2023年度	¥16,520

右の表を見て、「あれ？ 決められた額の通りには増えていない？というか、増えたり減ったりしてる？」と疑問に思った人もいるかもしれません。

これは、国民年金保険料は前述の法改正等の理由に加え、物価や賃金の伸びに合わせて調整することが決まっているから。

みんなの声

●年金の額が予想より少なくてショック。もっと調べておけばよかった

みんなの声
●高齢化社会で負担が増える一方なのではと不安

毎年度の国民年金保険料額＝２００４年度の制度改正で決められた保険料額×保険料改定率（※）

※保険料改定率＝前年度保険料改定率×名目賃金変動率（物価変動率×実質賃金変動率）

この計算式で金額が決まります。

昨今の物価高もあり、変動している国民年金保険料。一応、法改正による保険料の上限には達したということ、現役世代への負担が大きくなることから、今後大幅な変更はないものと思われます。

しかし、物価高をはじめとした社会情勢がどう変化していくかはわかりません。そのためにも、始められることからしっかりと準備をしておくことが重要なのです。

これって何？

物価変動率
物価の動きをより客観的にわかりやすく数値として表したもの。

知りたいポイント⑭

「個人年金保険」について知りたい！

answer

私的年金の一つ。生命保険なので死亡保障があるのが特徴

「個人年金保険」は3階建ての上の「4階」部分

個人年金保険とは民間の生命保険会社などが販売している貯蓄を目的とした生命保険です。P60の「年金の仕組み」には記載のない「4階」部分になります。

老後の年金の上乗せを目指した資産形成（運用）と、死亡保障の機

これって何？

終身年金と有期年金

終身年金は被保険者が亡くなるまでもらえるのに対し、有期年金は支給される期間が定められているという違いがある。

みんなの声

●個人年金、かけておいてよかったです。孫にお小遣いをあげられます

能をあわせ持つ商品で、あらかじめ定めた年齢から年金を受け取ることができます。もしも年金の受け取り開始日よりも早く被保険者が亡くなった場合には、遺族に死亡保険金が支払われます。

受け取り開始年齢は60歳以上が主流。受け取りは一時金としてもらう、年金として毎年決まった額をもらう、その2つを併用するという選択肢があり、受給期間も終身年金（主に保証期間付き）、有期年金（生存を条件に一定期間受給）、確定年金（生死にかかわらず一定期間支給）など、さまざまな形を選ぶことができます。また、死亡時は保険料相当額の死亡保険金をもらうことができます。

老後の生活資金を考えると終身年金が安心ですが、一般的に保険料が高くなるというデメリットも。公的年金の受給繰り下げを検討している人は、この有期年金を受給開始までのつなぎに当てるという使い方がおすすめです。

これって何？

確定年金

被保険者の生死問わず、決められた年数は年金を受け取ることができる年金保険。被保険者が亡くなった場合は遺族が年金を受け取る。

みんなの声

●若いうちに個人年金に入っておかなかったのを後悔

メリットもあればデメリットもある

個人年金保険にはメリットもあればデメリットもあります。

●メリット

・生命保険料控除が受けられる（※注）

・確実な貯蓄ができる

・老後の資産を増やすことができる

●デメリット

・途中解約すると元本割れする可能性がある

・将来の年金額が確定しているため、インフレに対応できない

・受け取る年金に課税されるケースがある

これって何？

元本割れ

相場の下落などにより、投じた投資金額（元本）を下回ること。

みんなの声

- 今からでも加入すべきか悩むけど、いつまで生きるかわからないし……

※加入している個人年金保険契約に「個人年金保険料税制適格特約」が付加されていれば個人年金保険料控除が適用され、されていない場合とは控除の上限額が変わる。

もちろん、民間の会社のものなので倒産、破綻等の可能性もあります。しかしどの生命保険会社も「生命保険契約者保護機構」に加入しているため、「救済保護会社」または「承認保険会社」などが倒産した生命保険会社の契約を引き継ぐことに。ただし保険契約は継続されるものの、契約条件が不利になったり、年金額が減少する場合もあります。

これらメリット・デメリットを把握したうえで、その他の資産形成などと合わせて判断してみましょう。

これって何？

インフレ

インフレーション。商品の値段（物価）が上昇傾向になることを指し、その逆を「デフレーション」という。

知りたいポイント⑮

「iDeCo」について知りたい

answer

新しい「個人型確定拠出年金」のこと。節税効果が高いのが魅力です

自分のために老後資金を積み立てよう

iDeCo（イデコ）とは、2001年より制度が始まった「個人型確定拠出年金」のこと。

iDeCoは厚生労働省があつかう、年金の「3階」部分の制度。毎月一定額を積み立てていき、60歳以降に受け取ることができるとい

これって何？

iDeCo

2016年よりスタートした個人型確定拠出年金で、公的年金にプラスして給付を受けられる私的年金。

みんなの声
●iDeCoはパート主婦でも始められるの？

う制度です。つまり、「自分のために老後資金を積み立てる制度」と言えます。
iDeCoと通常の年金が違うのは、iDeCoは「自分で運用方法を選ぶ」ものであるということ。運営管理機関が選定する運用商品の中から、自由に組み合わせて運用します。通常の貯金と違い、運用益が見込めるところが最大のメリットと言えるでしょう。どんな人でも加入が可能です。

iDeCoの特徴を、わかりやすくまとめました。

●会社員やフリーランス、専業主婦（夫）、どんな人でも加入できる。

●厚生年金保険に加入している人（第2号被保険者）は60歳以降も加入可能。国民年金加入者は、60歳以降も任意加入しているなら加入可能に。

●掛け金は毎月5000円からで、1000円ごとに設定できる。ただし加入区分によりかけられる金額に上限がある。

●原則60歳から受け取ることができ、75歳までの間で自由に選ぶことができる。
一時金で受け取る、年金で受け取るなど受け取り方法を選ぶことができる。

節税対策が関係ない人にはメリットが少ない？

ただし、このiDeCoにも、メリットとデメリットがあります。

●メリット

・掛け金が全額所得控除されるので、所得税・住民税の軽減になる

・運用益が非課税となる

・受給時には所得控除を受けられる

●デメリット

・選ぶ商品によっては、元本割れの可能性がある

・専業主婦（夫）や働いていない人の場合は、所得控除の恩恵を受けにくい

・積み立てたお金は原則60歳まで引き出すことができない

みんなの声

●老後に備えて投資を始めたら、なんとなく不安が和らいだ

これって何？

運用益

資産運用による収益のこと。利息や配当金のほか、有価証券売却益なども含まれる。

みんなの声
●iDeCoは「リスクの少ない投資」という印象

iDeCo は国民年金のように「毎月払い込めば終わり」というものではなく、自分自身で運用益を確かめ、商品を選択する必要があるものになります。

また、基本的には一度始めてしまうと60歳までは解約は不可（減額は可能）。そのため、子の進学やリフォームなど大きな出費が必要になったときに利用する、ということはできません。

それらを踏まえたうえで、無理のない範囲で老後の資産形成に活用することをおすすめします。

知りたいポイント⑯

年金の繰り上げ・繰り下げ受給について教えて

answer

これからの時代は「繰り下げ受給」がおすすめ！

年金は受給年齢を遅らせるほど「増える」

国民年金も厚生年金も、現在支給開始の年齢は65歳。しかし、年金の支給開始年齢は実は60歳から75歳まで選べます。

そのため、65歳より前にもらい始める「繰り上げ受給」を選ぶ人もいれば、65歳よりも後に支給開始年齢を設定する「繰り下げ受給」

これって何？

遺族年金

国民年金または厚生年金保険の被保険者が亡くなったとき、その被保険者によって生計を維持されていた遺族が受けることができる年金。

みんなの声

●年金の受給開始を遅らせたいけど、生活できるか不安

を選ぶという人も。「繰り上げ受給」を選ぶ人は、「60歳で定年退職したものの、65歳の年金支給開始の年齢まで心もとない」という人が多いようです。

ただ、この「繰り上げ受給」には「1ヶ月につき0・4％減額されてしまう」というデメリットがあります。最大で24％が減額され、長く生きた場合には年金の総額としては目減りすることに。

では、「繰り下げ受給」はどうでしょうか？　年金は「受給年齢を遅らせることで、もらえる年金を増やす」ことができます。

受給を65歳から繰り下げることで1ヶ月に0・7％金額が増えていきます。最大で75歳まで繰り下げができ、計算すると年金の額は本来の受給開始に比べると184％に！　例えば厚生年金が月に16万3000円もらえる男性が65歳で受給すると、年金額は年間195万6000円。これを70歳から受給すると、年間277万8000円、75歳から受給すると年間359万9000円

となります。

ただし、配偶者と死別して遺族年金の受給権を持つ方は、繰り下げ受給はできません。繰り下げしている最中に配偶者の死亡などで受給権を持った場合は、その時点で繰り下げが終わります。

また、加給年金・特別支給・振替加算の老齢厚生年金は繰り下げ受給の対象外となります。

みんなの声

●繰り下げ受給を選択しても、支給開始年齢まで自分が生きられるかなあ……と考える

〈ここがポイント〉

年金受給は、遅らせるほど金額を増やすことができる

「繰り下げ受給」を前提にライフプランを考えてみよう

年金額が大きく変わってくる「繰り下げ受給」ですが、実は現在

これって何？

加給年金

厚生年金受給者に一定の条件を満たした配偶者や子どもがいる際、老齢厚生年金額が割り増しされる制度。

みんなの声
●どのくらいの人が「繰り下げ受給」をしているのか気になる

は利用者が少ないのが実情です。令和3年度の厚生労働省「厚生年金保険・国民年金事業年報」によれば、繰り下げ受給を選択しているのは厚生年金受給者で1・2%、国民年金のみの受給者で1・8%となっています。

徐々に増えてきてはいるのですが、なぜ繰り下げ受給をしている人が増えないのか？　それは「いま得られる利得を優先したい」と思っている人が多いからでしょう。

しかし、実は一番金銭的にお得なプランは「75歳まで問題なく生活できるような収入もしくは貯蓄を確保し、年金を目いっぱい繰り下げてから受給」というものなのです。

もし健康上の問題がなく、長生きしそうだという人は、老後のライフプランを考えるときに、「繰り下げ受給」を前提に考えてみることをおすすめします。

これって何？
振替加算
加給年金が打ち切られた後、配偶者の老齢基礎年金に振り替えられる年金のこと。生涯受け取ることができる。

これって何？
特別支給
65歳よりも早く老齢厚生年金を受給できる制度のこと。

知りたいポイント⑰

配偶者と死別したら年金はどうなる？

answer

条件を満たせば「遺族年金」がもらえます

「子供がいるかどうか」「自分の年齢」が条件のポイント

配偶者が60歳～64歳で亡くなった場合、条件を満たしていれば遺族年金がもらえます。国民年金加入者は「遺族基礎年金」、厚生年金加入者は、遺族基礎年金に「遺族厚生年金」が上乗せされます。遺族基礎年金は、死亡した人に配偶者と子供がいる場合、配偶者又は子供に、子が18歳になる3月末まで給付されます（収入により受給

みんなの声
●夫が亡くなった後にもらえるお金の具体的な額が知りたい！

要件あり）。

もし子供がいない夫婦で厚生年金加入者の夫が死亡した場合は、妻は「厚生年金部分」のみを受給することになります。子供がおらず妻が30歳未満の場合は、給付期間は5年間です。

ただし、遺族厚生年金をもらえる条件は夫と妻で異なります。妻が死亡した場合、死亡時の段階で夫が55歳以上という条件があり、受給開始は60歳から。夫が死亡した場合、妻には年齢等の条件はありません。

共通の条件

●国民年金に加入していて日本国内に住所があり、死亡時の年齢が 60 歳以上 65 歳未満
●老齢基礎年金を受給していた、もしくは老齢基礎年金の受給資格を満たしていた

厚生年金部分の条件（次の①～③のいずれか高いものを受給）

①夫の老齢厚生年金の 4 分の 3
②夫の老齢厚生年金の 2 分の 1 と妻の老齢厚生年金の 2 分の 1 の合計
③妻の老齢厚生年金

知りたいポイント⑱

年金は本当にもらえるの？

answer

シミュレーション金額から大幅には外れない予定

予想は大幅には外れていないものの、インフレーションの可能性も

「どうせ年金なんか払っていても、自分たちが高齢者になる頃にはもらえない」

こんな声を聞きます。これは本当でしょうか？

ここで、国民年金の実際の給付金額を見てみましょう。2000

これって何？

インフレーション

物やサービスの価格が上がり、お金の価値が下がること。

年からの推移を見ると、確かに給付額自体は昨年までは下降傾向だったことがわかります。

これはあくまでも現在の支給金額であり、今現役で年金を納付している世代に関しては、将来もらえるであろうと推測されている金額から大幅に変わる可能性は少ないと言われています。ただ、シミュレーションはあくまでも実績に基づく概算なので、賃金や物価の状況により多少増減する可能性があります。また、インフレーションが起きて貨幣の価値が大幅に変わった場合は、従来のシミュレーション通りの金額が支給されないか、支給されても生活費をまかなうのが厳しいケースも考えられるでしょう。

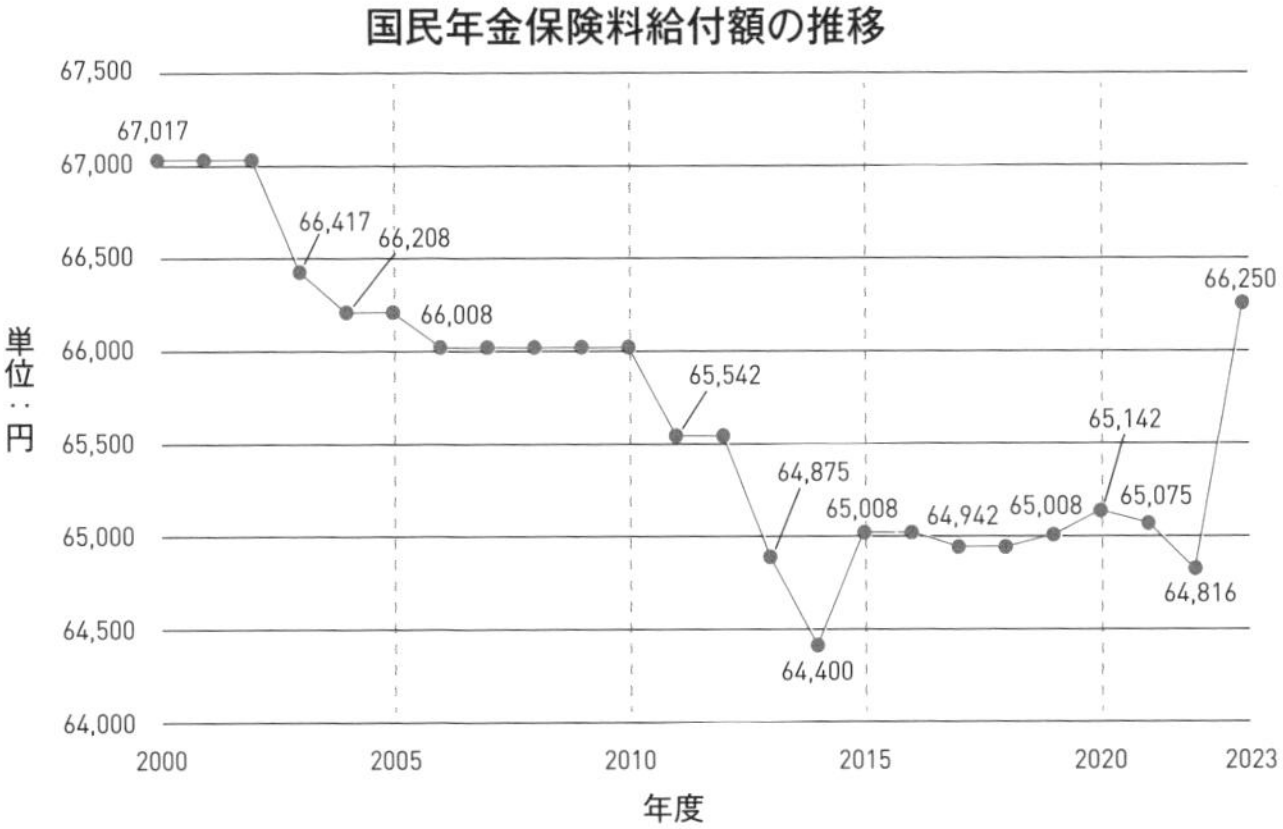

厚生労働省「厚生年金保険・国民年金事業の概況」より

知りたいポイント⑲

病気やケガで働けなくなったら？

answer

制度や保険、貯蓄を活用して乗り切ろう

高齢者になるほど入院率は上昇

今は元気に働いていても、高齢になるほど不安になるのが病気やケガのリスク。左ページにあるのは2020年の年齢別「入院受療率」。60歳を超えるとグッと入院率が高くなることがわかります。

生命保険文化センター「令和4年度 生活保障に関する調査」によ

これって何？

入院受療率

人口10万人あたりでどのくらいの人が医療機関に受療、入院したかを示す比率。

みんなの声

●無駄遣いせず、堅実な生活を送るつもりだけど、病気になったら貯蓄で賄えるのか不安

ると、平均入院日数は65歳以上は40・3日、35〜64歳は24・4日なので、65歳以上になると長期化することがわかります。

また、入院一日あたりの自己負担額の平均は2万7000円(高額療養費制度の上限を超えた金額は払い戻される)。

会社員の場合、傷病手当金などで収入をカバーできますが、自営業の方の場合は仕事を休むことで、収入が減ることもあります。

入院受療率
(年齢階層別、各階層人口10万人対) 2020年10月

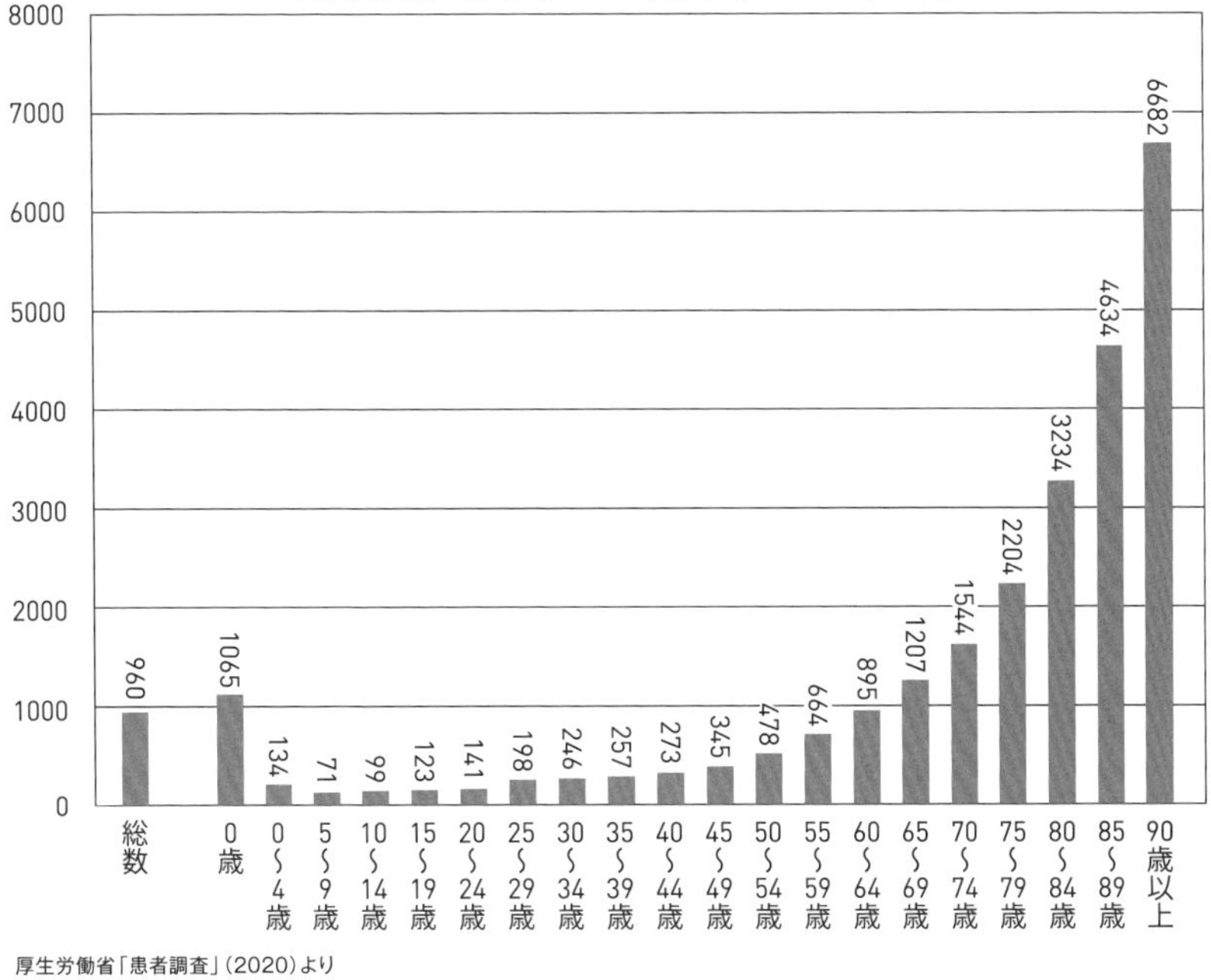

厚生労働省「患者調査」(2020)より

みんなの声
●高額療養費を使っても、食事代や個室料金など、実際にかかる費用は多そう……

制度と保険を活用し、収入減に備えよう

安心して病気と闘うためにも、対策を考えておくことが重要です。まずは、使える公的な制度や備えられるものを知りましょう。

●**高額療養費制度**……同一月（1日から月末まで）にかかった医療費の自己負担額が高額になった場合、一定の金額（自己負担限度額）を超えた分が、あとで払い戻される制度。それぞれの年齢や収入により自己負担額は変わる。年収約370万円未満は5万7600円、年収約370〜770万円は8万100円＋（総医療費※−26万7000円）×1％が自己負担限度額となる。※公的医療保険制度適用前（10割負担）の医療費4ヶ月目からはさらに減額。

●**医療費控除**……1年間にかかった医療費が10万円（総所得金額等

これって何？
高額療養費の支払い例（年収約370〜770万円の場合）
1カ月で30万円（総医療費100万円）を支払った場合：8万100円＋（100万円−26万7000円）×1％＝8万7430円が自己負担限度額なので、30万円−8万7430円＝21万2570円が払い戻し額。

が200万円未満の人は総所得金額等の5％）を超えた場合、確定申告することで還付金を受け取ることができる。

●**民間医療保険・共済**……生命保険会社や損害保険会社といった民間の会社が提供している保険商品や共済保険に加入することで、入院や手術に応じて給付金をもらうことができる。

みんなの声

●高額療養費も限度額があると聞くので、自分の収入だとどのくらいかかるか知っておきたい

本文1L溢れ

高額療養費制度は、収入が高いほど自己負担額が高くなるシステム。70歳以上になると軽減措置がありますが、現役世代並みの収入がある方は自己負担額は現役世代と変わらない金額となるので要注意です。逆に、収入が低い方でもこの制度があるおかげで安心して医療を受けられる、というメリットがあります。

残りのお金は貯蓄や医療保険等でカバー。いざというときに、しっかり備えておきましょう。

これって何？

共済保険

将来発生するかもしれない事故などに備え、組合員があらかじめ一定の金額を拠出しておき、もし事故が発生したときにはそこから共済金を支払うという仕組み。

知りたいポイント⑳

医療保険はどういうものに入ればいい？

answer

高額療養費制度を前提に、必要なものに早めに入ろう

加入を考えるなら「早め」が鉄則

ケガをしたり病気になってしまったとき、生活を支えてくれる医療保険。来たる老後に備えて見直しを考えたり、追加加入を考えている人もいるのではないでしょうか？

基本的には、前述の高額療養費制度を使えることを大前提に考え

これって何？

掛け捨て

保険の場合、満期保険金がなく、途中で解約しても解約払戻金がない保険のこと。

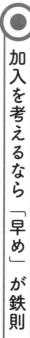

みんなの声

●つき合いで何となく加入してしまった保険……必要なかったかも

ておきましょう。自分の収入と払わなければいけない金額を確認し、足りない金額を貯蓄でカバーするか、保険でカバーする……という考え方がいいと思います。

左下にあるグラフは、厚生労働省が発表した医療費の年齢別統計です。これを見ると、生涯で必要な医療費のうち約半額が70歳以降に必要になる、ということがわかります。

〈保険選びのポイント〉

①加入はなるべく早めに

理由は2つあります。まず、年齢が高くなればなるほど掛け金が高くなってし

生涯医療費（男女計）　2010年度推計

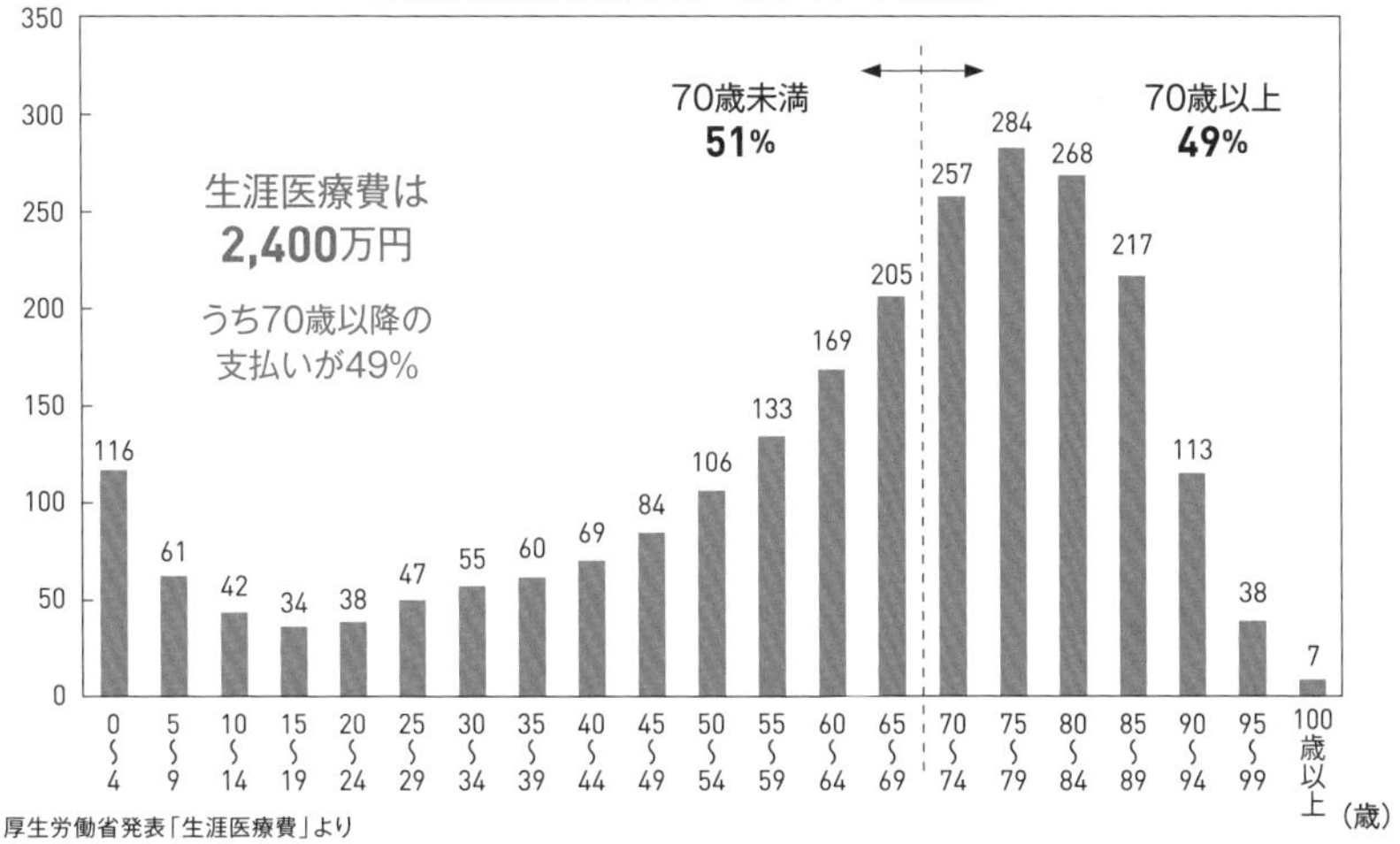

厚生労働省発表「生涯医療費」より

みんなの声
●年齢とともに保険料が上がることを考えたら、早めに備えるべきなんだろうか……

まうということ。そして、健康診断等で何か指摘されてからでは加入が難しくなります。もしも今医療保険の加入を考えている人は、思い立ったらすぐ行動を。

②おすすめは「掛け捨て」の商品

保険商品には掛け捨て型と、払った金額の一部を積み立てる貯蓄型がありますが、おすすめは掛け捨て型。貯蓄型は保険料が高く、貯蓄性もあまりよくありません。一方、掛け捨て型は手頃な保険料で充実した保障を備えられます。貯蓄は貯蓄で別途するとして、保障は掛け捨て型で備えるなど、分けて考えましょう。

③悩んだら「有料のアドバイス」

商品を選ぶ際に個人で調べようとすると、商品の多さに混乱することも。そういう人におすすめなのが、有料の保険相談窓口。無料のものは売りたい商品が決まっていることも多いので、有料のほうが客観的な意見を聞くことができるからです。

これって何？
保険相談窓口
保険の見直しや加入について相談ができる窓口。来店型や訪問型などあり、さまざまな会社のものを一度に比較できるなどメリットも多い。

みんなの声

●高齢でも入れる保険があるみたいだけど、選び直したほうがいい？

保険の「見直し」は不要なことも

家計のチェックを行う際、必ずと言っていいほど出てくるのが「保険の見直し」。確かに、不要な保険の掛け金を払い続けるのはムダですが、小まめに契約&解約を繰り返すと年齢を経ての加入になるため、掛け金が上がってしまったり、状況次第では加入できなかったり条件がつくリスクがあります。

保険の見直しは出産や子供の独立など、大きなライフイベントのときに行うので十分。高齢になって下手に選び直すと「保険貧乏」になってしまう可能性も！　必要な保証と掛け金のバランスを考えた保険選びを心がけましょう。老後の保険選びは、若いときとは別の観点が必要になるのです。

知りたいポイント㉑

会社員・自営業・専業主婦（夫）……それぞれ入るべき保険は変わる？

answer

個人の状況により、必要な保険は大きく変わります

まずは保険の目的を確認！

医療保険は、加入する人の状況によっても加入すべきものが変わってきます。

保険に加入する目的は大きく分けて3つ。

みんなの声
●子育てにかかる費用で今はいっぱいいっぱい。保険貧乏になるのも不安

①医療（入院・手術の保障）
②死亡（お葬式代・遺族保障）
③貯蓄

番号はそれぞれ、一般的に優先すべき順番です。この3つの目的に対して、それぞれの立場でどのくらい備えが必要なのかをまずは考えてみてください。

例えば①の入院・手術の保障。専業主婦（夫）の場合、たとえ入院しても配偶者の収入があるならば、経済的不安はない人もいるでしょう。会社員の場合も、仮に入院が長引いても会社で健康保険に加入していれば休んでいる間は「傷病手当金」が支給されるので、すぐに経済的に困ることはないかもしれません。

しかし自営業であれば、入院して仕事を休んだ分の収入保障はありません。それにより自分に経済的不安が生じるのか、公的保障や

これって何？
保障
権利などを保護し、状態が損なわれることなく安定した状態を保つという意味。生命保険でよく使用される言葉。

これって何？
傷病手当金
病気休業中に被保険者とその家族の生活を保障するために設けられた制度。基本的には国民健康保険にはない。

みんなの声
●親が保険をあまりかけておらず、老後のお金で苦労していたので、自分はしっかりかけています

貯蓄でカバーできるのか。

もしも収入が途切れてしまうなら、自営業の方の場合は「就業不能保険」への加入を検討してもいいかもしれません。ただ共働きの場合は、配偶者の収入により乗り切れる可能性もあるでしょう。

こういった個々人の状況によって、必要な保険は大きく変わってきます。

「死亡保険」は誰に必要？

医療保険に次いで選ばれている保険が「死亡保険」。配偶者や親が亡くなったときに遺族に保険金が払われる死亡保険は、家計を担う人なら誰もが考える保険でしょう。特に子育て中の場合は、残された家族のためにも万が一の保障は考えたいもの。

ただ、老後となるとどうでしょうか？　例えばすでに子供が独立

これって何？
就業不能保険
病気やケガで長期間働けなくなったとき、毎月給付金を受け取れるタイプの保険。

みんなの声
●子供が巣立ったあとの、保険を見直すタイミングって？

している、もしくは子供がいない場合。共働きの場合は、残された配偶者の収入があればそこまで大きな金額の保障は不要……ということも考えられます。収入がなくても、貯蓄があれば配偶者の生活はまかなえる、というケースも。

貯蓄はあるけれど、一応「葬式代」として300万円くらいの保険に入りたい……そういう高齢の方もいらっしゃいますが、そのために掛け捨ての保険を払い続けるのであれば、その分を貯蓄に回し、必要なときに必要な分を貯蓄から出すほうが結果的には得になるケースも。

何のためのお金を、どのくらい、誰に残すか。「これまでの人生とは違う保険選び」を意識することが大切です。

〈ここがポイント〉
家族の状況に応じ、死亡保険の見直しを

知りたいポイント㉒

医療保険の「先進医療特約」。付けたほうがいい？

answer

可能なら、付けておくのがベター

受けられるとは限らない「先進医療」。しかし……

医療保険にはさまざまな「特約」が設けられています。なかでも「先進医療特約」に関して悩む方は多いのではないでしょうか。「先進医療」とは、厚生労働省が認めているものの公的医療保険の適用にならない治療のこと。

これって何？

特約

保険商品の場合は、主たる契約のオプションとして付加されるもののこと。

みんなの声
●いまかけている保険が80歳以降はもらえる額も激減。葬式代にもならず不安でいっぱい

〈先進医療の特徴〉
●対象となる治療や、その治療を受けられる医療機関が限られている。
●一般的な保険診療を受けるなかで、患者が希望し、医師がその必要性と合理性を認めた場合のみ可能。
●厚生労働省が定めた先進医療を受ける場合は、先進医療にかかわる費用は患者が全額自己負担。その他の一般保険診療は自己負担額に応じた負担となる。そのため、治療費用が高額になることが多い。

先進医療は必ず受けられるとは限りませんが、先進医療特約は費用も数百円程度。将来の可能性を考えれば、付けてもよいでしょう。
また、医療保険を選ぶときに「三大疾病」に関するものが気になる方も多いと思います。三大疾病は発症数が多いだけではなく、通院や入院が長引く割合も高いのが特徴。特約がある場合は、選んでおくと安心できますよ。

これって何？
標準治療と先進医療
病気の治療はまず科学的根拠に基づいた観点から現在利用できる「標準治療」から施され、先進医療はその次の段階で行われる。

これって何？
三大疾病
がん・急性心筋梗塞・脳卒中のこと。日本人の死因の上位を占めている疾病であり、罹患した場合は保険金がもらえたり、保険料の支払いが免除になる特約も。

まとめ

第2章

年金・保険について詳しく知りたい

- もらえる年金額は国民年金か厚生年金かで大きく変わる。国民年金の人は年金支給額を「増やす」ことを考えよう

- 年金を増やしたい人は、節税効果が高いiDeCoを上手に活用しよう

- 配偶者が亡くなったあとに年金をもらえるかどうかは条件次第で大きく変わってくる

- 医療保険の選び方は高額療養費制度を前提に、「足りない部分」を補う形で考えよう

第3章

まだ間に合う！
老後資金の貯め方＆増やし方

知りたいポイント㉓

60・65歳を超えても仕事はある？

answer

再雇用、自営などさまざまな選択肢が

メリット・デメリットを考えて合うものを選ぼう

P42で触れたように、就業者が希望をすれば、65歳まで雇用を継続することが企業には義務付けられました。そのため、60歳・65歳という年齢を超えての就労は、むしろ「当たり前」になっていく時代が到来しています。また、定年自体を65歳にしたり、60歳から65歳の間で定年の年齢を自由に選択できる、定年の年齢自体を定めな

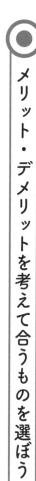

みんなの声
●いつまで体力が持つのか、定年以降にできる仕事があるのか考えてしまう

いという企業も登場しています。

だからこそ、「仕事の選び方」に関しても、考えなければいけないことが多くなっています。

大きく分けて、定年後の選択肢は3つ。それぞれにメリットとデメリットがあります。

①**再雇用**……これまで長く働いてきた職場、業界での仕事を続けることができ、慣れ親しんだ環境での就労を続けることができる。ただ、60歳以降の収入は7～4割ほどまでに減ってしまうことがほとんど。65歳でさらに雇用形態や給与水準が変わることも。

②**再就職**……新しい環境にチャレンジするという点ではリスクもあるが、就職先によっては給与水準をキープできる可能性も。新たな人間関係を構築できるというメリットもある。

これって何？
再雇用
正社員が定年に達したあと、正社員とは別の雇用形態で再度雇用されること。

みんなの声
●自営業なので、老後働けなくなった場合の補償がない

③自営業・特技や趣味、資格を生かした仕事をする……自営業は定年がないので、自分の意志で仕事を続けることができる。自分の「好きなこと」を仕事にする場合はその後の人生の生きがいにも繋がる。ただし収入の保障はなく、厚生年金の加入はできない。

職種だけでなく「働き方」も合わせて考えよう

このように、60歳以降の就職に関しては「収入面、職種面を選ばなければなんとかなる」というのが現実的なところだと思います。

ただ、ここで注意しておきたいのが、P88でもお話ししたように体力面などの問題から「現役時代とは同じような働き方ができなくなる」というところ。

再雇用がかなったとしても、現役時代の仕事をいつまで無理なく

続けることができるかという不安が発生します。再就職して新たな仕事に就いた場合、仕事に慣れていく時間や労力がかかるのではという懸念も。

不安が常につきまとうのが、シニア世代の就業です。それも踏まえたうえで、その年代になる前に自分が将来どういう働き方をしたいのか、どういう職業を選ぶべきか……定年後は体力的に無理のない仕事を中心にできるよう会社と交渉をしておく、転職をする場合は業界のことをよく調べたり人脈を作っておく、必要ならば資格取得を行うなど、あらかじめ準備をしておくと安心ですね。

みんなの声

●体力的にハードな仕事のため、既に身体を少し壊している。老後どうするべきか……

〈ここがポイント〉

「老後の働き方」をシミュレーションして、今から準備をしておこう

知りたいポイント㉔

「早期退職」するか悩んでいます

answer

「やりたい仕事」があるかどうかで決めましょう

「早期退職優遇制度」を採用する企業は増加中

60歳・65歳の定年よりも前に退職希望者を募る「早期退職優遇制度」。人件費削減に向けて臨時に行われる「希望退職」とは違い、福利厚生の一環として制度を備えている会社が多いのが特徴です。導入企業が増加している今だからこそ、早期退職のメリットとデメリットを把握しておきましょう。

みんなの声
●夫の退職後、年金や今の貯蓄で暮らしていけるのか不安になる

〈**メリット**〉
●退職金の割り増しが期待できる
●再就職支援を受けられる場合が多い
●独立開業や新たなチャレンジができる
〈**デメリット**〉
●再就職先が見つかるか、自分に合うかどうかわからない
●再就職しない場合は公的年金がねんきん定期便の予定額より少なくなる
●リタイアすることで「やりがい」を見失うリスクも

退職金割増は魅力的かもしれませんが、早期退職はいいことばかりではありません。退職したあとに「やりたい仕事がある」かどうか、また、それを実現できるだけのキャリアと人脈があるかどうかを判断の基準にするのもよいでしょう。

これって何？
退職金の割増
早期退職することでの退職金割増の度合いは賃金の3カ月分〜1年6カ月分のことが多い。

知りたいポイント㉕

お金を増やすためのおすすめの方法は？

answer

それぞれの投資の特徴を知りNISAで長期・分散・積立投資を！

お金は「貯める」だけではダメな時代に

お金は「貯める」ことも大切ですが、「増やす」ことも大切です。かつては金利が高く「貯金をしているだけでお金が増えていた」時代もありました。しかし、大手銀行の定期預金でも金利が0・

これって何？

定期預金
はじめに預け入れ期間を決めて利用する預金で、普通預金より金利が高いことが多い。

みんなの声
●投資してお金を増やさないと、と思いつつできていない

002%（2023年10月現在）となっている状況では、貯金はただ「お金をそのままの額で置いておく」のと同じこととなっています。また、貯金には最大のウィークポイントがあります。それは「インフレ（インフレーション）に弱い」こと。

インフレになると、物価が上がってしまいます。これまで100円で買えていたものが、110円や120円でないと買えなくなる。「お金の価値が下がる」のがインフレなので、100万円を貯金したとしても、将来インフレが進んでいた場合には貯めたときの100万円からは価値が下がってしまっている……ということも往々にしてあるのです。

そのため、将来安心して暮らすためにはNISAなどを活用した「投資」が必要な時代となっているのです。次ページでは、一般的な投資をご紹介します。

これって何？
投資
利益を見込んで自己資金を投じること。

株式投資	企業の株を購入し、売買で利益を得るシステム。多数の企業の株を保持しない限りリスクの分散ができず、投資した会社が倒産してしまうと投資資金を失うなど、リスクは大きいがその分リターンも大きい。
個人向け国債	日本国政府が発行する「債券」。リスクがほぼなく、安全に資産を増やすことができる。年率０．０５％の最低金利が保証されている。
個人向け社債	企業が設備投資などの事業資金を調達するために発行する債券。株式投資よりリスクが少なく、満期まで保有すれば決まったリターンが受け取れるが、最低購入単位が１００万円程度と高いのがネック。
投資信託	「投資家から集めたお金を大きな資金としてまとめ、運用の専門家が株式や債券などに投資・運用する」金融商品。運用はプロ任せなので難しい投資の知識がなくても始められ、さまざまな資産に分散投資しリスクを抑えることができる。ただし元本割れの可能性もある。
上場投資信託（ＥＴＦ）	金融商品取引所に上場している投資信託。金融商品取引所の取引時間内に株式と同様に相場を見ながら売買できる。
不動産投資	毎月の収入源となる、インフレに強いというメリットはあるが換金性が低く、値崩れする可能性も。

みんなの声
●仕事の収入以外で資産を増やす方法を検討しておけばよかった

NISAは「金融商品の運用益が非課税になる制度」

NISAは、今説明した投資信託をはじめとした金融商品の「運用益が非課税になる制度」です。

通常、投資でお金を増やした場合はその利益（運用益）に約20%課税されます。しかしこれだと「せっかく投資しても税金で取られるのは……」と躊躇《ちゅうちょ》する人が多いので、「毎年一定金額の範囲内で購入した金融商品から得られる運用益は非課税にしますよ」という制度がNISAです。

NISAの対象商品は、右ページの表で紹介したもののうち「株式投資」や「投資信託」、「上場投資信託（ETF）」などです。また、投資できる期間や額によって一般NISA・つみたてNISAに分けられ、2024年1月からは新制度もスタート。こちらは、P120で詳しく説明します。

これって何？
運用益
投資している株式や債券などが値上がりし利益が出ること。

みんなの声
●今からでもできるなら、投資はやるべきだと思う

おすすめは「NISAで長期・分散・積立投資」

NISAの最大のメリットは、節税効果がとても高いということ。前述のように、投資の運用益は通常は課税されてしまいます。

しかし、NISAの場合は運用益が非課税になるため、節税分が「得」となります。例えば仮に100万円の利益が出た場合、本来なら約20万円を税金でとられ80万円しか手元に残らないことになりますが、NISAならまるっと100万円を手元に残すことができるのです。また、iDeCoとは違い「いつでも自由に引き出せる」というメリットがあります。これはつみたてNISAでも一般NISAでも同じで、売却や資金の引き出しは自由。どれだけ売却益が出ても、非課税期間であれば税金はかかりません。

これから投資を始めるのであれば、ぜひNISAで始めましょう。

みんなの声
●確定拠出年金をしていたが、もっと積極的に商品を選んだり、情報収集すればよかった

NISAは「証券会社選び」が重要！

銀行や郵便局、大手証券会社やいわゆる「ネット証券」など、さまざまな金融機関でNISAをスタートできるようになっていますが、基本的には店舗を持たないネット証券の方が商品の種類も豊富で、積立設定の選択肢も多くなっています。特に銀行では株やETF（P112）は取り扱えないので、2024年から開始される新NISAの「成長投資枠」を活かした投資は難しくなります。投資の選択肢を狭めるという意味では、銀行はデメリットが大きいでしょう。
自分が思い描くような投資ができるよう、これからNISAを始める人は、ネット証券がおすすめです。

これって何？
ネット証券
インターネットを通じて株式の売買注文などの証券取引サービスを行う証券会社。

知りたいポイント㉖

今からでも間に合う老後資金対策は？

answer

どの年代でもNISAを中心になるべく早くスタートして長期投資を！

40代、50代からスタートしても全然遅くない！

もしも「自分はもう50代だから今更投資を始めても……」と思っている方がいたとしたら、それは大間違い！　人生100年時代。投資は60代から始めても遅くはないのです。

みんなの声
●投資の知識がないので、怖くて始められなかった

ただし、開始年齢が後ろになれば、運用期間は短くなります。貯金額や収入にもよりますが、運用期間が短い分、なるべく速いスピードで運用元本を積み立てていく必要があります。遅い年齢でスタートした場合は、可能な限り「積み立ての金額を多くする」ことが理想です。

例えば資産形成のメインが貯金という人は、貯金の一部を投資に回すという形での対策をおすすめします。

どのくらい「投資」に回せばいい？

「だったら、今持っている貯金を全部投資に回したほうがいいのでは？」

焦ってそう思う人もいるかもしれませんが、それは危険です。

生活費だけでなく「万が一のために自由にできるお金」というのも

みんなの声
●投資で増やすことを政府も銀行等もすすめてくるが、本当に増えるの？

安心して暮らすためには必要なもの。
自由になる口座と、そうでない口座に振り分ける金額の目安はこちら。

●普段使うお金……**生活費の1・5ヶ月分**。月に30万円使っていれば、念のため45万円はすぐ引き出せる預貯金か現金で確保しておきましょう。

●念のためのお金……**少なくとも生活費の半年分**。生活費が30万円だったら30×6ヶ月で180万円を、普段使う口座とは別の口座に入れます。これは万が一ケガや病気で働けなくなったりした場合の「生活防衛資金」。もし半年分で不安なら、1年分準備しても OKです。子供の進学費用や住宅購入のための頭金などは、これとはまた別に蓄えておきましょう。

つまり、**生活費が月に30万円のご家庭なら7・5ヶ月分、225万**

これって何？
預貯金
銀行や信用金庫にお金を預ける場合は「預金」、ゆうちょ銀行とJAバンクの場合は「貯金」となる。

みんなの声
●もっと若い頃から投資について考えておけばよかったと後悔

円が最低限口座に入れておきたい預貯金の金額となります。
もし投資を始めたいと思うなら、この「生活費の7・5ヶ月分」があるかどうかを確認しましょう。貯金が足りないという人は、投資よりも先にまずは「生活費の7・5ヶ月分」を貯めることからスタート！　ただ、貯めるまで何年もかかりそう……という人は貯金に回せる金額の一部、数千円でもいいので投資資金に回し、貯金と投資を併走させるのも一つ。その中で、少しずつ「投資」に回すお金を増やしていきましょう。

〈ここがポイント〉
「生活費の7・5ヶ月分」は自由に使える預貯金としてキープしておこう

知りたいポイント㉗

新NISAってどうなの？

answer

2024年からより使いやすい制度に

投資枠拡大や非課税期間が無期限になるなどメリットがたくさん

2024年から開始する新たなNISA。メディアでも話題となり気になっている人も多いのではないでしょうか？まずは、新しいNISAについて知りましょう。

みんなの声

●NISAは元手がなくても始められると知り、投資のイメージが変わった

〈新NISA、ここが変わった!〉

①制度の恒久化、非課税保有期間の無期限化

②年間投資枠の拡大

③つみたて投資枠、成長投資枠の併用が可能

④非課税保有限度額の総額の設定

大きな変更ポイントは、非課税保有期間の無期限化。また、これまでは年間投資枠がつみたてNISAでは40万円、一般NISAでは120万円だったものが引き上げに。非課税保有限度額も設定されました。

積極的に投資をしたいという人に

	つみたて投資枠	併用可 成長投資枠
年間投資枠	120万円	240万円
非課税保有期間(注1)	無期限	
非課税保有限度額(総枠)(注2)	1800万円 ※簿価残高方式で管理(枠の再利用が可能)	(1800万円のうち)1200万円
口座開設期間	恒久化	恒久化
投資対象商品	長期の積立・分散投資に適した一定の投資信託(現行のつみたてNISA対象商品と同様)	上場株式・投資信託等(注3) ①整理・監理銘柄②信託期間20年未満、毎月分配型の投資信託及びデリバティブ取引を用いた一定の投資信託等を除外
対象年齢	18歳以上	18歳以上
現行制度との関係	2023年末までに現行の一般NISA及びつみたてNISA制度において投資した商品は、新しい制度の商品とは別となり、現行制度における非課税措置を適用 ※現行制度から新しい制度へのロールオーバー(注4)は不可	

金融庁「新しいNISA」より

(注1)非課税保有期間の無期限化に伴い、現行のつみたてNISAと同様、定期的にご利用者の住所等を確認し、制度の適正な運用を担保
(注2)利用者それぞれの非課税保有限度額については、金融機関から一定のクラウドを利用して提供された情報を国税庁において管理
(注3)金融機関による「成長投資枠」を使った回転売買への勧誘行為に対し、金融庁が監督指針を改正し、法令に基づき監督及びモニタリングを実施　(注4)現行の一般NISAやジュニアNISAで非課税期間(5年)が終了した際、保有している金融商品を翌年の新たな非課税投資枠に移行(移管)すること。

みんなの声

●友人がNISAを始めたと聞き、焦ってます。今が始めるタイミングなのかも

とって、これまでは投資枠の制限や非課税保有期間の期限がネックになっていました。また、つみたてＮＩＳＡと一般ＮＩＳＡと分かれていることで複雑な印象もあり、踏み出せなかったという人もいるかと思います。

今回の改正により、制度がよりシンプルにわかりやすくなり、使いやすくなったと言えるでしょう。

ＮＩＳＡを始めるなら２０２４年になってから？

新制度は２０２４年からではありますが、２０２３年中に始めたとしても左のような理由から、けしてデメリットになることはありません。

●新ＮＩＳＡは現行ＮＩＳＡの口座をそのまま利用するので新規開設は不要

みんなの声
●もっと早くに、投資に詳しい人に相談したかったな……

●2023年までのNISAの保有資産は新NISAの非課税保有限度額である「1800万円」とは別扱い。その分枠を増やせることになる
●少しでも早く運用を始めることで複利のメリットが得られる

NISAを始めるためには専用口座が必要ですし、そのためには手続きや審査など多少の時間は必要となります。これからNISAを始める人は、少なくとも今NISA用の口座を開設することで、2024年の新制度開始からスムーズに投資を始められることに。投資について、先送りせず考えてみませんか。

たとえばNISAで月1万円を10年間、120万円積み立てた場合
想定利回り3%……139万7414円
想定利回り5%……155万2823円
※利率は変動し、他の条件もあるのであくまでも目安

これって何？
複利
利息の計算方法の1つで、一定期間で利子が元本に組み入れられ、また利子がつくこと。

知りたいポイント㉘

「相続」に関して準備することは？

answer

「マイナスの相続」の可能性を確かめて

遺産に借金やローンが含まれていたら？

シニア世代に差し掛かると、避けて通れないのが「相続」の問題。

親世代から資産を譲り受けるにしても、きょうだいがいる場合は誰が何を譲り受けるのかという話し合いから始まり、それが終わったら「相続税はどうするか」という問題に直面します。

この「相続税の支払い」は、シニア世代において意外と厄介な出

これって何？

相続税

亡くなった親などからお金や土地などの財産を相続した場合にかかる税金。

みんなの声

●売れないような家屋などは相続したくない。どうやって放棄したらいいの？

費の一つ。もしも発生しそうな状況の人は、早めにそのための資金対策をしておきましょう。

もちろん、「資産は必ず相続をしなければいけない」と決まっているわけではありません。相続税と引き継ぐ資産をよく比較検討したうえで、不要だと思えば相続放棄をすればいいのです。

しかし、厄介なのは高い相続税を払っても相続しなければいけない事情があったり、ときに負債ごと相続をせざるをえない「マイナスの相続」という状況。なぜなら、現在の民法では「一部の資産だけを相続し、その他のものは相続放棄する」ということは認められていないからです。

「故人のローンや借金が残っていたけれど、相続放棄すると実家や墓などの土地も手放さなくてはいけなくなる」

こういう状況は、実は往々にしてあるもの。相続税への対策も含め、いざというときにまとまったお金が使えるように、P40でもお話しし

これって何？

相続放棄

相続人が、亡くなった人（被相続人）の財産を受け継ぐことを拒否すること。

た「予備費1000万円」は必ず備えておきたいものです。

「マイナスの相続」については、プラスの遺産の範囲でマイナスの遺産を弁済し、余った分を引き継ぐ「限定承認」という方法もあります。相続人全員での手続きが必要、プラス分の遺産は一度お金に換算されてから精算のため、装飾品などをそのまま相続できるとは限らない、などの条件などはありますが、可能性がある人は弁護士などへ相談を。

早めに確認しておくことで、生前贈与などの節税対策を取ることも可能になります。これについては、後ほど詳しくお話ししていきます。

〈ここがポイント〉

「マイナスの相続」が発生しないように、親が元気なうちにいろいろと話し合っておこう

みんなの声

●親に借金があるのを、生きてる間に確認しておけば良かった

これって何？

限定承認

プラスの遺産の範囲で、マイナスの遺産を弁済できるので、被相続人（故人）の借金を、相続人の財産で弁済する責任を負うことはない。

みんなの声
●全く予想もしていない親戚からの遺産。
心の準備もなく相続することになり、困りました

老後資金は、遺産をあてにしないこと！

今、自分たちの老後資金を考えていく中で、

「多分その頃には、親からの遺産が入ってるだろうから……」

と見込んでいる人はいませんか？　これはとても危険な考え方です！

なぜなら、親が何歳までどういう状況で生きるかは誰にもわからないから。想定外の医療費や、介護の費用がかかることも十分に考えられます。また、自分の把握していないところで前述の「マイナスの遺産」を抱えていることも。


遺産相続などはあてにせず、自分自身で老後の資金をまかなうことを考えましょう。介護が必要な場合は「親の介護費用は親の資産から出す」という考え方で、ご家族同士であらかじめ話し合っておくといいかもしれませんね。

知りたいポイント㉙

「生前贈与」と「相続」、どっちがいいの？

answer

「暦年贈与」をうまく利用すれば節税に

相続税と贈与税、どちらが「得」かはケースバイケース。

老後の資金としてあてにしてはいけない「遺産」ですが、実は親が元気なうちに対策しておいたほうがいいものもあります。それは「相続税」です。

これって何？

相続税の課税対象者

相続税が課税される被相続人（死亡者）に対して、課税対象となったのは2021年は9.3%。およそ11人に1人という計算に。

みんなの声
●相続税、贈与税など税に関する知識が浅いので、今さらだけど学びたい

〈相続税と贈与税はどう違う？〉

相続税は亡くなった人から財産を引き継いだときに課税され、贈与税は生きている人から財産を譲り受けたときに課税されます。

相続税は遺産の総額が基礎控除額（3000万円＋600万円×法定相続人の数）を上回るときにかかります。つまり、相続する遺産が基礎控除額以下の場合は相続税はかかりません。

一方贈与税は、年間110万円を超える贈与を受けたときにかかります。この贈与には現金や貯金だけでなく、株券や不動産なども含まれます。

基本的には相続税よりも贈与税のほうが税率が高く設定されていることもあり、遺産総額が基礎控除額以下なら相続税がかからないため、生前贈与による相続税対策は不要といえるでしょう。しかし、相続税がかかることが想定される場合は、早めに対策することで相

これって何？ 遺産の総額
現金や預貯金だけでなく、不動産や株式、自動車や絵画、貴重品、骨董品など財産として価値があるものはすべて「遺産」に含まれる。

これって何？ 相続税の基礎控除額
遺産の総額が基礎控除額を下回った場合は相続税の申告は不要となる。

みんなの声
●相続人が一人だけなので、なるべく相続税を減らす方法を知りたい

続税を抑えることができます。
　110万円の基礎控除が受けられる贈与のことを「暦年贈与」といいます。この基礎控除内の金額には贈与税がかかりません。複数の子や孫に基礎控除枠内で贈与したり、1年ごとなど時間をかけて贈与することで財産を減らすことができ、相続税を節約できます。

2024年から生前贈与加算が変更に！

　ただし、2023年度の税制改正で生前贈与加算が3年から7年に延長されるという、大きな変更が行われました。2024年1月以降の贈与より対象となり、2031年までは経過措置があります。

〈生前贈与加算って何？〉
　生前贈与加算税は、病気などで自分が遠くないうちに死亡するこ

これって何？
暦年贈与
1月1日から12月31日までの1年間（暦年）で、贈与額が110万円以下ならば贈与税がかからない。ただし口座の管理を贈与されている人が行う必要がある。

みんなの声

●いざ相続になったとき、わからないことだらけで、もっと知識を得ておけばよかった

とを見越した被相続人が、死亡前に駆け込みで贈与を行い、相続税の負担を回避するケースを防止するために設定されました。

2023年12月までの法制度では、「相続開始前3年以内の贈与」が相続税の対象になります（暦年贈与を行っていた場合は、死亡の3年以内の暦年贈与が相続の対象に）。これが法改正によって、対象期間が3年以内から7年以内に延長になるということです。

相続する遺産が確実に基礎控除内ならいいのですが、相続税が発生する金額の場合はこれらを考慮し、早めに暦年贈与をしておくことでトータルの税金を節約することができます。

経過措置後に備えるためにも、早めに対策をしておきましょう。

知りたいポイント㉚

老後資金のために見直すべき「節約ポイント」は？

answer

固定費の見直しから始めましょう

変動費よりも固定費のほうが「節約に効く」！


老後資金を増やすために、今すぐできることの一つは「節約」です。

「もう結構節約してるつもりなんだけどな……」

そう思う人のために、見直すべき節約ポイントをご紹介します。

みんなの声
●今から節約や自給自足ができるように畑作りなどを勉強しておきたい

家庭での支出の内容は、主にこの2種類に分られます。

●固定費……住居費、生命保険料、サブスクリプション（サブスク）、車両費、通信費など
●変動費……食費、交際費、水道光熱費など

この2つを比べると、すぐに対策をしやすいのは変動費のほうでしょう。しかし、食費や交際費の節約は効果は見えやすいですが、続けていくと生活が息苦しくなってしまうもの。ストレスが溜《た》まったり、結局続かないことが多いのです。

かといって、固定費を節約するのには手間がかかります。住居費を抑えるには引っ越しが、生命保険料を変えるには新たに情報を調べたり、契約を結んだり……。しかし、固定費のいいところは一度見直してしまえば安定的に毎月の出費をカットできるということ。

これって何？

サブスプリクション
「定期購読・継続購入」を意味し、商品やサービスを一定期間利用できる権利に対して料金を支払うビジネスモデル。

みんなの声
●生活費や固定費の見直しをして、少しでも貯蓄に回したい

変動費のように毎日意識をしていなくても、自動的に節約が可能になります。スマートホンの回線をいわゆる「格安スマホ」に切り変える、もし都会住まいであまり乗っていないようなら自家用車を手放し、タクシーとカーシェアに切り替えるなど、固定費の見直しを検討してみましょう。

生命保険料に関しては、P95でもお話ししたようにライフステージや状況により必要な保険は変わってくるもの。子供が独立しているのに高い死亡保険をかけ続けている……といったような「保険貧乏」にならないためにも、自身の状況と本当に必要な保険を見直してみることをおすすめします。

〈ここがポイント〉

無理して変動費を節約するより、思い切って固定費を削ったほうが効果は大

みんなの声
●自分で家計管理をしていないので、将来のお金がさっぱり見えなくて不安

サブスクの「ちりつも」出費に要注意！

近年、家計の落とし穴になっているパターンが多いのが動画配信やアプリケーションのサービスにかかる「サブスク代」。

「月に○円だったら安いし……」とついついいくつも加入して、気がついたらあまり利用していないサービスも……ということ、思い当たる人も多いのではないでしょうか？　安価だからといって放置しておくと「塵《ちり》も積もれば山となる」。トータルでは意外な額の出費になっていることも。

契約しているサブスクを見直し、使っていないものは解約を！　節約したお金を投資に回すことで、老後にしっかり備えましょう。

まとめ

第3章

まだ間に合う！
老後資金の貯め方＆増やし方

- 60歳・65歳を超えて働く場合は、継続雇用か転職かなど、それぞれメリット・デメリットがある

- お金は貯めるだけでなく「投資」も考えよう。ポイントは「長期・分散・積立」

- 2024年度から新NISAがスタート。条件や金額などの枠が拡大され、より「投資しやすい」状況に

- 相続は「マイナスの相続」の場合もある。親が元気なうちに早めに家族で確認と話し合いを

- 老後資金を貯めるためには細かな節約も必要。ムダなサブスクの解約など生活を見直して

第4章

老後を楽しく暮らすコツ

知りたいポイント㉛

貯金も収入もなくなったらどうやって生きていけばいい？

answer

頼れる国の制度がいろいろあります

一人で抱え込まず、まずは行政に相談を！

どんなに万全に準備をしていても、想定外のことも起こるのが人生。もしも、定年退職後に貯金も収入もなくなったらどうしよう……未来のことを考えると、不安になる人もいるかもしれません。

そうなった場合のために、国にはさまざまな「頼れる制度」があ

みんなの声
●短時間でもパートをして、もっと所得を増やしておくべきだった

ります。

●**生活困窮者自立支援制度**……市区町村ごとに運用している制度で、就労に困難を抱える生活困窮者を受け入れ、就労機会を提供するとともに、生活面や健康面での支援を行うもの。生活と就労に関する相談窓口を開設したり、住居確保給付金の支給など、さまざまな支援を行っている。

●**生活福祉金貸付制度**……低所得者や高齢者、障害者の生活を経済的に支え、在宅福祉や社会参加の促進を目的とした貸付制度。各市区町村の社会福祉協議会が窓口になり、生活再建のために必要な生活費や住宅費を借りることができる。貸付利息は連帯保証人がいれば無利子、いない場合は年率1・5%。65歳以上の高齢者がいる世帯か、低所得であることなど条件あり。また、低所得の

これって何？
住宅確保給付金
市区町村ごとに定める額を上限に実際の家賃額を原則3カ月間（延長は2回まで最大9カ月間）支給する制度。

みんなの声
●貯蓄が底をついた場合、どんなサポートを受けられる？

高齢者世帯に対しては居住用不動産を担保として生活資金を貸し付ける制度も。

こういった制度を知識として知っておくことで、もし生活が苦しくなったとしても、精神的に追い詰められずにすむのではないでしょうか。万が一立ち行かなくなってしまった場合は、まずは居住市区町村の役所か、社会福祉協議会に相談してみましょう。

「生活保護受給」には条件あり！

病気や介護などで働くことができず、貸付金では立ち直れない状況も考えられます。そうなった場合は、生活保護を受けることも検討しましょう。

これって何？
社会福祉協議会
民生委員・児童委員、社会福祉施設やその関係者などが運営する民間の福祉団体。

みんなの声
●持病もあり、継続して働けない。生活保護に関心があるけど……

●**生活保護**……憲法で定められた「健康で文化的な最低限度の生活を保障する」ための生活困窮者に対する保護制度。生活扶助、住宅扶助、医療扶助、介護扶助など8種類の扶助があり、金額は居住地と扶助の種類により変動。例えば東京23区の場合は生活扶助基準額は高齢者夫婦世帯で約12万円で、年金などの収入があると基準額から収入額を差し引いた金額が支給される仕組み。

生活保護の場合、個人の所有財産や収入によって受けられないことも。生活に利用していない土地や貴金属を所有している場合は売却しないと生活保護を受けることはできませんし、住宅ローンがある場合も売却が必要となります。ただし、住宅ローンを完済している場合は、処分価格が著しく大きくなければ、そのまま住み続けることができる場合もあります。

これって何？
扶助
扶助とは、力を添えて助けるという意味。生活保護に関してはこの言葉が使われる。

知りたいポイント㉜

老後を考えると、賃貸より持ち家？

answer

ライフプランの立て方で変わります！

賃貸・持ち家、双方にメリットとデメリットがある

住まいとして賃貸を選ぶか、持ち家を選ぶか。「長く住むことを考えたら持ち家のほうが得だ」「いや賃貸のほうが維持費が抑えられる」と人により意見が分かれるところですが、実は「トータルの支出は賃貸も持ち家もそこまで変わらない」というのが実情です。

では、「老後に住み続けるには」という観点で見るとどうでしょうか？

みんなの声
●独り身で収入がなくなったあと、賃貸が借りられるのか不安です

●賃貸……年金生活の場合、家賃が大きな負担になる可能性がある。また、高齢になると入居を断られる物件も増える傾向に。ただし、定年後は移住を考えている、老人ホーム等に入りたいと思っている人は賃貸のほうが動きやすい

●持ち家……ローンを完済している場合は家賃負担がなく、安心して暮らすことができる。ただし固定資産税の支払いや、建ててから20年〜30年経《た》った場合は水回りやバリアフリー化などのリフォームで大幅な出費が必要なことも。マンションの場合、共有部分の修理などで予定外の出費が必要になることもあるこう見ると、ますます悩んでしまう人も多いかもしれません。

〈ここがポイント〉
トータルの金額は、賃貸も持ち家も変わらない

これって何？
共有部分
マンションなどの「専有部分以外の部分」。非常階段やエレベーター、廊下やエントランスなど。

みんなの声
●持ち家の一軒家に住みつづけると、メンテナンス費用はどのくらい？

焦って買うくらいなら貯蓄に

賃貸の場合、一番のデメリットは「契約を断られること」。特に独居高齢者が賃貸契約を断られるケースが多く、社会問題ともなっています。また、年金の支給額が低い人にとっては、家賃だけでもかなりの負担となってしまうでしょう。そう考えると、老後に住み続けるという点で考えたら持ち家のほうが安心と言えます。

ただし！　現在賃貸住まいの40代、50代の人が「老後が不安だから家を買わないと」と無理をするのは逆効果。今は、無理にローンを抱えるくらいなら貯蓄や投資に回したほうがよさそうです。

もちろん、賃貸に住み続けてある程度の段階で老人ホーム等に移る予定、という将来設計の仕方もあります。転勤の多い仕事では、不動産を抱えてしまうのはリスクになることも。それぞれの家庭の状況に応じて、賃貸か持ち家、どちらを選ぶかを判断していきましょう。

持ち家と借家、メリットとデメリットは？

	メリット	デメリット
持ち家	●資産として持つことができる ●住宅ローン完済後は出費を抑えられる ●住宅購入の際に「団体信用生命保険（団信）」に加入すると、契約者に万が一のことがあった場合には住宅ローンが免除に ●高齢になっても住み続けられる	●固定資産税や火災保険料がかかる ●老後はバリアフリー化に向けたリフォームや、戸建ては屋根や外壁、マンションは共用部分の修繕費などがかかる ●災害が起きた場合には資産価値の下落が想定される
借家	●リフォーム代等を払う必要がない ●移住や引っ越しなどライフスタイルを替えやすい ●固定資産税などの不動産取得に関わる税金がない	●「資産」として持つことができない ●高齢になると賃貸契約を断られる可能性がある ●年金生活では家賃負担が重くなりやすい

高齢単身世帯の持ち家・借家数と割合推移

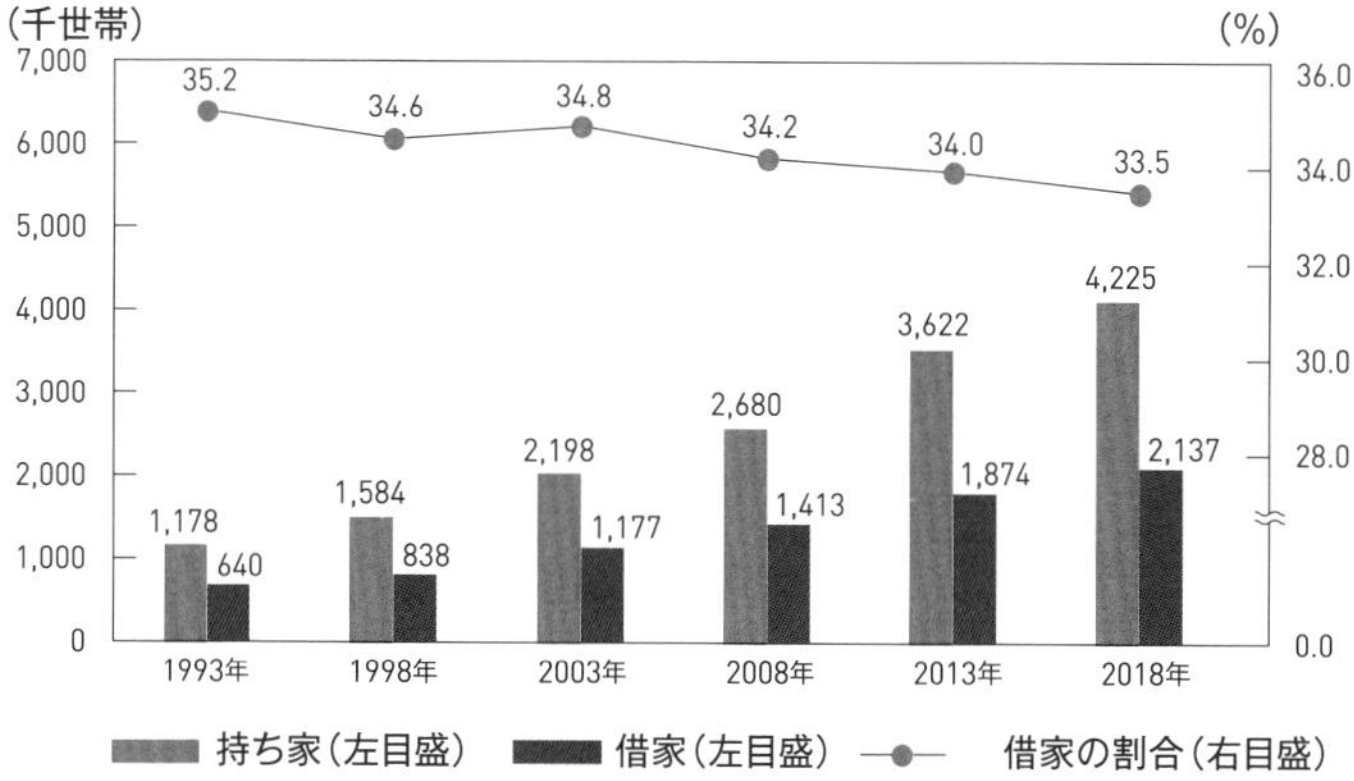

統計局　住宅･土地統計調査　住宅及び世帯に関する基本集計（2018年）より

65歳以上の高齢単身世帯を見ると
近年は借家が低下傾向に！

知りたいポイント㉝

シルバー世代が使える娯楽や制度が知りたい

answer

電車・飛行機からスマホ代まで幅広い

実はかなり多い「高齢者世代向けの割引サービス」

65歳を超えても、日々いろいろと楽しみたいもの。しかし年金生活なら、なるべく出費は抑えたい……そんなアクティブなシニア世代に向けて、さまざまな割引やサービスが増えています。

代表的なところをご紹介しましょう。それぞれ年会費などが必要な

ものもあるのでご注意ください。（情報は2023年10月現在）

●交通……鉄道では日本全国のJRの運賃が年間20回まで最大3割引きになる「ジパング倶楽部」（JR）、JR北海道とJR東日本の運賃が最大3割引きになる「大人の休日倶楽部 ジパング」（JR北海道・JR東日本）など。飛行機はANAが65歳以上の会員に割引を行う「スマートシニア空割」、JALは当日空席がある場合のみ割引運賃で搭乗できる「当日シニア割引」を実施。また東京都のバスや地下鉄の一部が乗り放題となる「東京都シルバーパス」（東京バス協会）、地下鉄やバスに1回50円で乗車可能になる「敬老パス」（大阪市）など、各自治体で交通機関の割引を行っていることが多い。

●娯楽……映画館では、TOHOシネマズ、ティ・ジョイ、ユナイテッド・シネマなど多くのシネコンや映画館が「シニア料金」を設

これって何？

シニア料金
各社規定はによるが、満60歳以上、または満65歳以上に設定されていることが多い。

みんなの声
●シニア向けのお得な割引サービスを教えてほしいです！

定。美術館、博物館、水族館、動物園、アミューズメントパークなどもシニア料金・シルバー料金を設定しているところが多い。またシルバー料金を設定している意外な娯楽がカラオケ。ほとんどの大手カラオケチェーンでは高齢者に向けたサービスや割引制度を用意している。

●スーパー・ドラッグストア……毎月15日・25日に「シニアナナコ」で支払うと5％オフになるイトーヨーカドー、毎月15日に「G.G WAON」で支払うと5％オフになるイオンなど、決められたシニアデーに来店すると割引を行う、ポイントが貯《た》まるなどのサービスを行っているところが多い。ドラッグストアも同様。

●携帯電話料金……60歳以上で割引となるサービスを行っている会社が多い。ソフトバンクの「シニア割引」、ａｕの「スマホスタート

みんなの声
●老後の生活をいかに楽しく有意義にできるか。その方法を知りたい

プラン60」など。

●カルチャーセンター……70歳以上は入会金無料のＮＨＫカルチャー、同じくシニア向けに入会金無料を設定している朝日カルチャーなど（年齢は教室によって異なる）シニア世代への割引を設定しているカルチャーセンターやセミナーは多数。また、いわゆる「学び直し」を目的とする成人や高齢者向けに割引制度を備えている大学や専門学校も多くなっている。特に各種資格学校では退職者やシニア向けの割引を設定しているところも多く、これを機に資格取得にチャレンジするのもおすすめ。

他にも、スポーツクラブやホテル、レストラン、タクシーなどで高齢者向けの割引サービスが使えることも。お金をかけずに楽しい老後を送るためにも、こういった制度を活用していきたいですね。

知りたいポイント㉞

高齢者が使える医療や介護の制度は？

answer

自己負担は上がる傾向に。しっかり備えを！

退職したら、健康保険も自分で加入

高齢者になると、誰しもがお世話になるのが「医療」と「介護」。どのくらいの負担となるのか、どんな制度があるのかを今のうちに知り、しっかり備えておきましょう。

会社員だった場合、退職したあとの健康保険制度は次の3パターン

みんなの声
●医療費や介護保険など必ず必要になるお金が多すぎて困ります……

が考えられます。

①会社での健康保険を任意継続する（2年間）
②国民健康保険に加入する
③被扶養者となり、家族の健康保険に加入する

①は任意継続健康保険といい、2年間は退職時の健康保険料を払うことでそれまでの健康保険に引き続き加入することができます。ただし、保険料は会社の2分の1負担がなくなるため、在職時の約2倍に。

国民健康保険は保険料の計算式が各自治体で公開されていますので、ご自身の収入から計算して安いほうに加入するとよいでしょう。

国民健康保険料は前年度の収入によって決まるので、退職した年は任意継続と比較し、2年目は国民健康保険に入るなど、考えていきましょう。

みんなの声
●介護が必要になったら、いいケアマネの探し方や付き合い方を知りたい

医療費に関しては69歳までは3割負担。70歳以上は収入に応じた負担となりますが、70歳から74歳までは原則2割負担、75歳以上は原則1割負担で、現役並みの収入がある方は3割負担となります。

介護の自己負担額は介護と収入で変動

一方、介護が必要になったときに心強い味方となるのが介護保険制度。40〜64歳は条件により、65歳以上では要介護状態または要支援状態になった場合、訪問介護や訪問看護といった介護サービスを利用する際に支給限度額まで利用できます。

介護保険を使うためには、住んでいる市区町村の介護保険担当窓口での申請がまずは必要となります。その後介護認定調査員が自宅、もしくは病院を訪れて本人の身体機能・認知機能などのチェックを行ったのち、「要介護度」を認定。介護を必要とする度合いにより要支援

これって何？
介護保険料
介護保険制度を支えるために払うお金で、満40歳に達したときより徴収が始まる。

みんなの声
●夫の退職後に健康保険の負担が増えるのではと覚悟しています

1～2、要介護1～5の等級に分かれ、支給限度額がこの「要介護度」によって変わるという仕組みです。使えるサービスは多岐にわたり、現在の居宅に住んだまま受けられるサービスとしては買い物や掃除、看護や入浴支援などの生活支援を受けられる「訪問サービス」や、通いの形で施設のデイケアなどを利用できる「通所サービス」、施設への短期入所のサービスなど。入居型では特別養護老人ホームや介護老人保健施設、介護療養型医療施設の「介護保険施設」が介護保険を利用できるものとなります。

認定された後には担当のケアマネージャーとケアプランを立て、プランにもとづき支給限度額の中でサービスを利用していくことになります。

介護保険は所得によっても自己負担額1～3割の間で変わります。収入が高い人は自己負担額も高くなるので注意が必要です。

知りたいポイント㉟

「お金がなくても楽しく暮らすコツ」は？

answer

「理想の老後のライフスタイル」を考えてお金をかけない楽しみ方を想定しておこう

「どんな老後ライフを送りたいか」をよく考えておこう

この本を手に取っていただいた方は、少なからず「老後に暮らしていけるか不安……」という気持ちを抱えている方だと思います。

これまでもお伝えしてきましたが、年金生活になると現役時代と

みんなの声
●親も子もそれぞれが楽しく人生を送る、そんなスタイルを目指したいです

はまず「収入」が変化します。毎月の支出、生活費との差額を埋めるために資金を貯めておくことが重要……というのは再三お話ししましたが、もう一つ重要なのは老後は「お金を使わない生活をする」ということ。

もちろん、食費や娯楽などをすべて節約すればかなう話ですが、それではストレスが溜まってしまいます。

●家計を見直し、無駄な部分をチェック。現役時代よりも「お金を使わない生活」を想定し、家計のダウンサイジングを行う

●お金をかけなくても楽しめる「自分のやりたいこと」を見つける

大きなポイントはこの2つ。まずは、自分の送りたいライフスタイルと、そのためにかかるお金、節約できる部分というのをシミュレーションして想定しておきましょう。

みんなの声
●老後に不自由なく生活するにはとにかく元気で働き続けないと。でも体が持つか心配……

後者の場合、地域活動や家庭菜園、散歩など、お金をかけなくても楽しめる趣味や活動はたくさんあります。そういった活動をあらかじめ見つけておくのも、老後の不安解消に役立つ一つの方法です。

また、後者は60歳・65歳を過ぎても「働く」ことにも関わってきます。お話ししてきたように、高齢者となっても働き続けることができる社会になってくるのは確実でしょう。しかし、働き方や収入は現役時代とは大きく変わってきます。

そのためにも重要なのは「やりがい」。定年を機にやってみたかった仕事にチャレンジするのもいいでしょうし、スキルを生かした仕事を始めるのもいいでしょう。もちろん、今までの仕事で継続雇用を選ぶ選択肢もあります。

いざ定年になってから慌てるのではなく、あらかじめ自分の「やりたいこと」をじっくり考える。独立や転職をするのであれば人脈づくりも重要になりますから、スタートは早ければ早いほどいいはずです。

これって何?
地域活動
地域のコミュニティの中で住民が主体的に行う活動。自治会や町内会、地域奉仕活動など。

みんなの声
●続けられる「生きがい」が見つかったら、長生きするのが楽しくなりそう！

「老後の準備」は、まだまだ間に合う

政府の「老後の資金は2000万円必要」という発表により、老後の資金についていてただ不安になった……という人は多いのではないでしょうか？

しかし、お話ししてきたように、いま何歳であっても準備は間に合います。もちろん年代によって取るべき対策は変わりますが、40代、50代、何なら60代でも「老後の資金対策」は遅くないのです。

今すぐ、できることを始めてみましょう。そうすれば、あなたの抱えていた「漠然とした老後への不安」は、フッと軽くなるはずですよ。

まとめ 第4章

老後を楽しく暮らすコツ

- 貯金や収入がなくなっても、頼れる公的扶助は多い。まずは役所に相談を
- 「生活保護」を受給するためには持ち家のローンが終わっているなど条件があるので注意
- 持ち家と賃貸ではトータルでかかる費用は変わらない。ただし老後を考えると賃貸は費用負担が大きく、契約しにくくなるデメリットがある
- 会社を退職したのちは、健康保険料は任意継続のち国民健康保険に。介護保険は収入により負担額が変わる

おわりに

医療の発達などによって平均寿命が伸び、「人生100年時代」が到来しました。

それにともない、「老後」の形もこれまでとは変わってきています。60、65歳で退職したとして、その後20年、人によっては30年以上もの期間「老後」が続くのですから。

その長い「老後」をどう充実させるか。お金ももちろん大切ですが、自分がどう生きていきたいか、どんなライフスタイルを選択したいか。それを考えたうえでお金の準備を進めることが何よりも大切ではないでしょうか。

準備を始めるのは、60代でも決して遅くはないのです。その手助けとして、本書をぜひ活用していただければ幸いです。

1000人の「そこが知りたい！」を集めました
老後のお金、本当に足りますか？

2023年12月14日　第1刷発行

発行所　株式会社オレンジページ
〒108-8357 東京都港区三田1-4-28 三田国際ビル
電話　ご意見ダイヤル 03-3456-6672
販売（書店専用ダイヤル）03-3456-6676
販売（読者注文ダイヤル）0120-580799
発行人　鈴木善行
印刷　株式会社シナノ　Printed in Japan

監修　家計再生コンサルタント　横山光昭
編集協力　株式会社フリート（中川純一　柴野可南子　柏木亜由美
富井淳子　星 咲良　阿山咲春　菊池里菜）
校正　みね工房
ライティング　川口有紀
デザイン　笛木 暁
イラスト・漫画　新里 碧
編集　今田光子　菊地絵里